Mossos d'Esquadra

Octubre, 2024

Mossos d'Esquadra

Proves físiques

DAVID SOTELINO LÓPEZ

Llicenciat En Ciències de L'activitat Física i l'esport
Màster en Capacitació Aptitud Pedagògica (Cap)
Professor D'universitat del Grau de Ciències de L'activitat Física i de L'esport
Professor D'universitat del Grau D'educació Infantil i Educació Primària
Entrenador Nacional Musculació, Fisioculturisme i Halterofília
Dietista i Entrenador Personal
Entrenador Nacional de Musculació, Fisioculturisme i Halterofília, Natació, Rem, Bàsquet, Rugbi i Piragüisme
Preparador físic d'opositors a Forces i Cossos de Seguretat de L'estat
Socorrista aquàtic i expert en Primers Auxilis, amb domini de RCP i desfibril·lador
Quiromassatgista Terapèutic i Esportiu

Davidentrenadorpersonal@Hotmail.es
Www.davidsotelino.com
Facebook.com/Davidsotelinoentrenadorpersonal
Twitter.com/@Dsotelinopt
Youtube: David Sotelino Entrenador Personal
Instagram.com/Davidsote_entrenadorpersonal/

© 7 Editores Recursos para la Cualificación Profesional y el Empleo, S.L. (7 Editores)
© L'autor
Primera edició, octubre 2024 (208 pàgines)
Drets d'edició reservats a favor de 7 Editores
Prohibida la reproducció total o parcial sense permís escrit de l'editor.
IMPRÈS A ESPANYA.
Edita: 7 Editores
Avda. San Francisco Javier, 9 · Edificio Sevilla 2 · Planta 11 · Módulos 25-27 · 41018 Sevilla
Teléfono: 954 784 411 · WEB: www.mad.es · e-mail: administracion@7editores.com
ISBN: 978-84-142-8747-7
© "Editorial Mad" i "Eduforma" són noms comercials registrats de
7 Editores Recursos para la Cualificación Profesional y el Empleo, S.L.

Dedicat a les meves filles Noa i Zoe, que ja de petites comencen a gaudir de l'esport com jo.

Als meus alumnes de les diverses acadèmies on he treballat, i també a totes les persones que he preparat i preparo de manera individual en la meva tasca actual d'entrenador personal, tant a distància com presencial. També he de citar Jorge, Alba, Gutier, Yésica, Isabel i Rubén per haver participat en les fotos.

I, per descomptat, als meus pares, per donar-me l'oportunitat d'estudiar la carrera universitària que volia, Educació Física, cosa que em va permetre tenir l'actual currículum en termes formatius i professionals. No puc oblidar el meu germà Samuel, gràcies per la teva ajuda en tants moments de la meva vida.

Presentació

Aquest llibre està dirigit a preparar les proves físiques per a accedir a l'ingrés en la categoria de mosso/a de l'escala bàsica del cos de Mossos d'Esquadra de la Generalitat de Catalunya.

En el llibre s'inclouen, a més, diferents programes d'entrenament en funció del temps disponible, pautes per a entrenar cada prova, orientacions nutricionals per a optimitzar el rendiment i assegurar l'èxit, i consells per als dies previs a les proves.

Esperem que aquest material compleixi amb la seva comesa i us ajudi a aconseguir l'objectiu.

Índex

CAPÍTOL 1

Descripció de les proves físiques del procés selectiu

1. Introducció

En la Resolució ISP/3192/2024, de 2 de setembre publicada al DOGC núm. 9241, de 4 de setembre de 2024, es convoca el procediment selectiu per a la convocatòria mitjançant oposició lliure per a cobrir places de la categoria de mosso/a de l'escala bàsica del cos de Mossos d'Esquadra, i s'especifica que:

*"**6 Sistema de selecció i qualificacions***

El sistema de selecció de la convocatòria és el de concurs oposició.

La convocatòria consta de les quatre fases que es descriuen a continuació:

– *Primera fase: oposició.*

– *Segona fase: concurs.*

– *Tercera fase: formació.*

– *Quarta fase: pràctiques.*

__6.1. Fase d'oposició__

La fase d'oposició consta de quatre proves.

__6.1.1. Primera prova__

La primera prova consisteix en la realització de les subproves següents:

a) *Subprova de coneixements, de caràcter obligatori i eliminatori.*

b) *Subprova aptitudinal, de caràcter obligatori i eliminatori.*

c) *Subprova de coneixements d'idiomes, de caràcter voluntari i no eliminatori.*

__6.1.2. Segona prova: física__

Les persones participants aptes en la primera prova seran convocades a la realització de la prova física, que és obligatòria i eliminatòria.

La prova física consisteix en la realització dels exercicis físics següents:

– *Circuit d'agilitat.*

– *Pressió sobre banc.*

– *Cursa de llançadora.*

A l'annex 2 de la convocatòria s'especifiquen l'objectiu, la descripció, les normes, la valoració i els barems de cada exercici físic.

En aquesta prova el tribunal qualificador compta amb l'assessorament de professionals especialitzats en educació física.

Per a la realització de la prova, les persones participants s'hi han de presentar amb roba i calçat esportius.

Així mateix, les persones participants assumeixen la responsabilitat de complir les condicions físiques necessàries per desenvolupar els exercicis físics que es descriuen a l'annex 2.

Les persones participants no podran provar cap element o material abans de fer els exercicis físics.

Quan es consideri oportú i de forma aleatòria, el tribunal qualificador podrà realitzar les proves de consum de substàncies o de grups farmacològics prohibits, d'estimulants o de qualsevol altre tipus de dopatge destinat a augmentar la capacitat física o a modificar els resultats de la prova segons les normes del Consell Superior d'Esports. El fet de donar positiu en alguna d'aquestes substàncies o de negar-se a sotmetre's a aquestes proves comporta l'exclusió automàtica de la convocatòria.

Els percentatges de puntuació dels exercicis físics sobre el total de la prova física són: 33,33% per a l'exercici "circuit d'agilitat", 33,33% per a l'exercici "pressió sobre banc" i 33,33% per a l'exercici "cursa de llançadora".

Cada exercici físic es puntua de 0 a 10 punts segons els barems que estableix l'annex 2. La puntuació total de la prova física s'obté de sumar la puntuació de cadascun dels exercicis físics tenint en compte el percentatge de cada exercici físic respecte a la puntuació total de la prova física.

Les persones participants han de fer tots tres exercicis físics i en cadascun han d'aconseguir una puntuació mínima d'1 punt. Les persones participants que no obtinguin una puntuació mínima d'1 punt en cadascun dels exercicis físics seran excloses de la convocatòria.

Qualificació de la prova: la puntuació de la prova física és de 0 a 10 punts. Per a superar-la, la persona participant ha d'obtenir una puntuació mínima de 5 punts. Les persones que no superin aquesta prova seran excloses de la convocatòria".

6.1.3. Tercera prova. Adequació psicoprofessional.

6.1.4. Quarta prova. Coneixements de llengua catalana".

2. Descripció de les proves d'aptitud física

En l'Annex 2 de la convocatòria s'especifiquen l'objectiu, la descripció, les normes, la valoració i els barems de cada exercici físic.

2.1. Circuit d'agilitat

Objectiu: valorar l'agilitat de la persona participant.

Descripció de l'exercici:

a) La persona participant inicia l'exercici asseguda a terra i recolzant peus, mans i glutis darrere de la línia de sortida.

b) Quan el testador fa el senyal, s'engega el cronòmetre i la persona participant inicia l'exercici.

Surt corrent fins a situar-se entre dos cons col·locats davant d'un matalàs, i fa una tombarella amb el suport de les dues mans sobre el matalàs.

Tot seguit es dirigeix cap a la primera tanca, la deixa al costat esquerre fins que la depassa i hi passa per sota.

Corre després cap al plint d'1 metre d'altura, que ha de sobrepassar per la part central amb tot el cos (amb suport o sense) i entre dues barres verticals situades en els extrems del plint.

A continuació es dirigeix cap a la segona tanca, que passa directament per darrere, gira cap a la dreta i hi passa per sota.

Va frontalment cap a la primera tanca, que ha de sobrepassar amb els dos peus en una fase aèria perllongada (les dones 80 centímetres, els homes 90 centímetres).

Seguidament, ha d'agafar amb les dues mans i transportar sobre les espatlles (per les nanses o els extrems) un sac d'uns 15 quilograms (dones) i d'uns 20 quilograms (homes), i córrer cap endavant des del lloc on estava el sac fins a un con situat a 10 metres, al voltant del qual ha de girar 180° per l'esquerra sense tocar-lo, i tornar en sentit oposat també corrent 10 metres més cap endavant fins a la línia d'arribada.

c) S'atura el cronòmetre en el moment en què la persona participant traspassi amb tots dos peus la línia d'arribada, portant el sac agafat correctament. Se'n registra el temps en segons.

Normes de l'exercici:

a) No es pot trepitjar la línia de sortida, no es pot sortir abans del senyal del testador i cal estar correctament col·locat abans de començar l'exercici.

b) La tombarella s'ha de fer sobre l'eix transversal del tronc (no és correcta una tombarella de judo) i s'ha de sortir del matalàs després de traspassar el con que marca la sortida.

c) El sac ha d'estar ben col·locat, recolzat sobre les espatlles i agafat amb totes dues mans, abans de traspassar la línia marcada a terra i poder iniciar la carrera de 10 metres cap al con.

d) En el transcurs de l'exercici no es pot fer caure o desplaçar (horitzontalment o verticalment) cap obstacle.

e) No està permès canviar el sentit del desplaçament del circuit o no fer tot el recorregut tal com està descrit.

Si s'incompleix alguna de les normes de l'exercici, l'intent es considera nul.

Valoració de l'exercici: se'n fan dos intents, no consecutius, i el resultat vàlid és el millor temps (en segons i desenes).

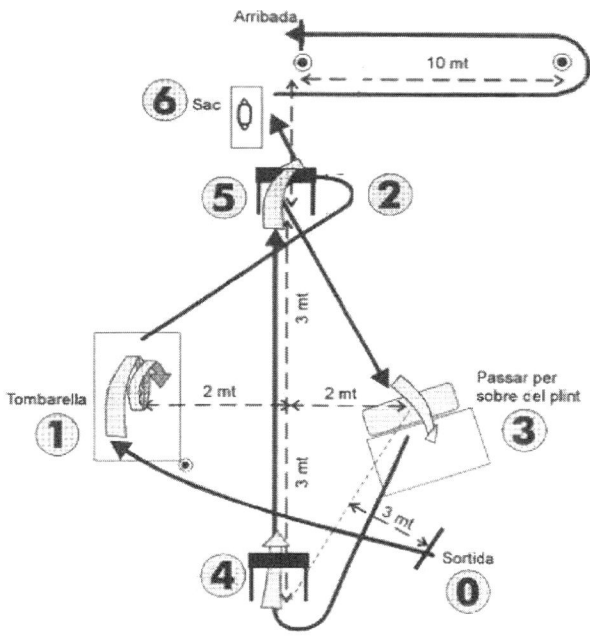

Circuit d'agilitat

2.2. Pressió sobre banc (o aixecament de banca)

Objectiu: mesurar la força i la resistència de la musculatura de l'extremitat superior de la persona participant.

Descripció de l'exercici:

a) La persona participant inicia l'exercici en posició decúbit supí sobre el banc de pressió amb els peus recolzats a terra.

Quan el testador fa el senyal, s'engega el cronòmetre i la persona participant comença l'exercici, des de la posició de braços estirats.

b) Ha d'alçar el pes, de 40 kg per als homes i de 25 kg per a les dones, el màxim nombre de repeticions que pugui en un temps màxim de 45 segons.

L'aixecament s'ha d'efectuar amb les dues mans, amb una separació lleugerament més ampla que la de les espatlles en una acció de flexió-extensió dels colzes en la seva projecció vertical.

c) L'exercici acaba un cop ha transcorregut el temps màxim de 45 segons o bé per voluntat de la persona participant.

Normes de l'exercici:

a) La repetició no és vàlida si no s'estenen els colzes del tot o si la barra no toca al pit en la flexió dels colzes.

b) No està permès fer rebots amb la barra.

c) Les repeticions es compten en veu alta, i s'utilitza el mateix nombre que en la repetició anterior si es dona el cas d'una repetició no vàlida.

d) No es poden utilitzar guants, magnèsia ni qualsevol altra substància.

Valoració de l'exercici: se'n fa un sol intent i es registra el nombre total de repeticions vàlides que s'han fet durant un temps màxim de 45 segons.

Pressió sobre banc

2.3. Cursa de llançadora (*course navette*)

Objectiu: valorar la resistència aeròbica de la persona participant.

Descripció de l'exercici:

a) La persona participant se situa darrere d'una de les dues línies paral·leles pintades a terra i que disten entre si 20 metres.

b) Quan senti el senyal sonor d'inici de l'exercici, ha de córrer cap a l'altra línia, fins a trepitjar-la, i ha d'esperar a tornar a sentir un altre senyal sonor.

c) Cada senyal sonor indica que s'ha d'iniciar el desplaçament cap a la línia contrària, intentant seguir el ritme, que és progressivament més ràpid (cada minut) al llarg de l'exercici.

d) Ha de repetir constantment aquest cicle d'anada i tornada fins que no sigui capaç de trepitjar la línia quan se senti el senyal sonor, moment en què s'acaba l'exercici.

Normes de l'exercici:

a) La línia s'ha de trepitjar abans o en el moment que se sent el senyal sonor.

b) La persona participant no pot córrer cap a la línia contrària fins que no hagi sentit el senyal.

c) La persona participant no pot fer girs circulars, sinó que ha de pivotar.

Valoració de l'exercici: se'n fa un sol intent, i es registra el nombre de l'últim període o palier anunciat pel magnetòfon.

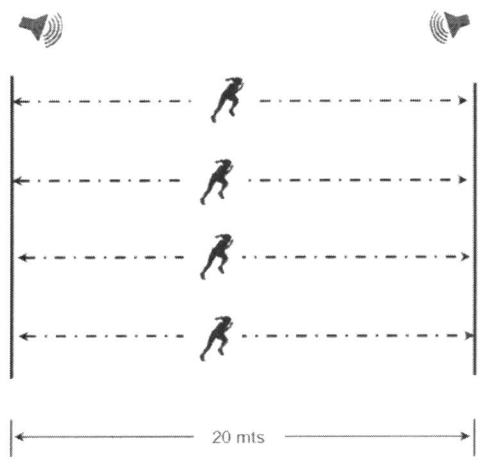

20 mts

Cursa de llançadora (course navette)

3. Barems dels exercicis físics

Tot seguit s'indiquen els barems dels exercicis per a homes i per a dones.

P=puntuació; CA=circuit d'agilitat, en segons; PB=pressió sobre banc, en repeticions; CL=cursa de llançadora, en períodes o paliers.

1. Homes			
P	**CA**	**PB**	**CL**
0	>20,5	<24	<6,5
1	20,5	24,0	6,5
2	19,8	27,0	7,5
3	19,3	28,0	8,0
4	18,8	30,0	8,5
5	18,4	31,0	9,0
6	18,0	33,0	9,5
7	17,5	34,0	10,5
8	17,0	36,0	11,0
9	16,3	39,0	12,0
10	<16,3	>42	12,5

2. Dones			
P	**CA**	**PB**	**CL**
0	>24,5	<10	<3,5
1	24,5	10,0	3,5
2	23,2	13,0	4,5
3	22,5	16,0	5,0
4	22,0	18,0	6,0
5	21,5	20,0	6,5
6	21,0	22,0	7,0
7	20,5	24,0	7,5
8	19,8	27,0	8,0
9	18,9	30,0	9,0
10	<18,9	>34	10,0

CAPÍTOL 2

Preguntes freqüents

1. Qui es pot presentar a les oposicions de mosso/a de l'escala bàsica?

Tothom que compleixi els requisits que s'exigeixen en la convocatòria.

2. Tothom pot arribar a aprovar els exàmens físics?

Així és, podrà fer-ho tothom que s'ho proposi i s'hi entreni. Les proves físiques avaluen el rendiment físic i motor, perquè és una cosa necessària per a exercir la tasca de mosso/a.

3. Com es poden superar les proves físiques?

La manera d'aprovar és entrenant. Per més baixa que sigui la condició física, amb esforç i dedicació es pot millorar i aconseguir una bona nota. N'hi ha prou amb seguir les indicacions que dona aquest llibre.

4. En quant de temps es poden preparar amb èxit les proves físiques?

Depèn del nivell de condició física inicial però, tret d'unes poques excepcions, n'hi ha prou amb tres o quatre mesos. En algun cas, cal més temps, segons la genètica i la capacitat d'assimilació de l'entrenament esportiu (perquè no totes les persones milloren al mateix ritme).

5. Com es pot saber l'estat de forma física inicial?

A través dels tests de valoració anatòmica i inicial que s'inclouen en els capítols 8 i 9 del llibre, cada aspirant pot avaluar el seu estat físic anatòmic i la condició física que té en relació a les tres proves que es demanen en l'oposició.

6. Què cal per a dur a terme els entrenaments?

Sobretot ganes i una mica de temps. Per a preparar les proves es requereix roba adequada i instal·lacions esportives, així com unes pautes d'entrenament que garanteixin la millora i evitin possibles lesions.

7. Totes les proves són susceptibles de millora?

Per descomptat. Si s'entrenen correctament, es progressarà en cadascuna de les tres proves físiques. N'hi pot haver alguna que costi més feina, però amb esforç i constància s'obtindran resultats més bons.

CAPÍTOL 3

Conceptes fonamentals

En aquest capítol es defineixen les paraules tècniques que s'usen al llarg del llibre:

– **Acceleració**: capacitat d'augmentar la velocitat d'un cos en un cert temps. Pot consistir a passar d'una situació sense moviment a una altra en què s'adquireix una certa velocitat. O bé, pot comportar un augment de la velocitat actual, amb la qual cosa s'aconsegueix una velocitat més alta.

– **Àcid làctic**: substància que es forma a la sang a causa de la falta d'oxigen en els músculs quan es fa un exercici físic d'alta intensitat.

– **Alimentació**: ingestió de substàncies per part dels organismes dels éssers vius per a aconseguir energia i desenvolupar-se. Pot ser objecte de finalitats nutricionals i psicològiques, i en aquest últim cas implica una simple satisfacció i obtenció de sensacions gratificants.

– **Anabolisme**: procés del metabolisme de construcció de molècules grans a partir d'unes altres de més petites. Exemple: la formació de proteïna a partir d'aminoàcids, amb la finalitat de formar cèl·lules noves.

– **Càrrega**: mesura de treball d'entrenament desenvolupat. Es comptabilitza mitjançant el volum i la intensitat.

– **Catabolisme**: procés invers a l'anabolisme, en el qual hi ha una destrucció de molècules grans i la formació de molècules més petites. Això passa quan s'està moltes hores sense ingerir cap aliment, cosa que no és gens recomanable perquè es destrueix teixit muscular o, com a mínim, no afavoreix que en creixi.

– **Contracció (muscular)**: procés fisiològic en què un estímul previ fa que els músculs desenvolupin tensió i s'escurcin (contracció isotònica concèntrica), s'estirin (contracció isotònica excèntrica) o es mantinguin en la mateixa posició (contracció isomètrica). Un exemple de contracció isotònica concèntrica: aixecament de banca amb extensió de braços (fase positiva o de pujada). Un exemple de contracció isotònica excèntrica: aixecament de banca, amb flexió de braços (fase negativa o de baixada). Un exemple de contracció isomètrica: suspensió en barra.

Contracció del bessó

- **Qualitats físiques bàsiques**: força, resistència, velocitat i flexibilitat.

- **Definició (muscular)**: pèrdua de greix corporal amb finalitats estètiques (marcar més els músculs) o funcionals (estar més lleuger per a la fer proves físiques).

- **Densitat**: relació temporal entre la fase de treball i la de recuperació. És el descans que es pren la persona per a poder aprofitar més bé l'activitat física. Exemple: un entrenament de 40 minuts de durada, dels quals 5 minuts s'han utilitzat per a descansar, és un entrenament més dens que un de la mateixa durada però que ha tingut 10 minuts de descans.

- **Esport**: activitat física reglada (té normes) i institucionalitzada (aquestes normes estan estandarditzades).

- **Durada**: temps en què s'efectua un exercici físic. Exemple: 20 minuts de carrera contínua.

- **Exercici físic**: moviment conscient i sistemàtic que manté i/o millora la condició física i la salut.

- **Flexibilitat**: capacitat física bàsica que consisteix a estirar els músculs del cos. Exemple: de peu dret amb una cama recolzada en un banc a 90°, paral·lela a terra, fem una flexió de tronc inclinant-nos cap endavant (flexibilitat dels isquiotibials).

Estirament per a millorar la flexibilitat

- **Entrenament esportiu**: consisteix en l'exercitació i preparació fisiològica per a suportar càrregues físiques que provoquen una adaptació funcional o morfològica. Segons Matvéiev, *"L'entrenament esportiu és la forma fonamental de preparació de l'esportista, basada en exercicis sistemàtics i que representa, en essència, un procés que pedagògicament té l'objecte de dirigir l'evolució de l'esportista (el seu perfeccionament esportiu)".*

- **Freqüència cardíaca**: pulsacions per minut que fa el cor per a bombar sang als músculs. Exemple: 150 pulsacions / minut.

- **Freqüència cardíaca màxima (FC màx.)**: dada teòrica obtinguda de la fórmula 220 – edat, amb què se suposa que les pulsacions d'un esportista no sobrepassarien d'aquest resultat ni amb un gran esforç (però hi ha moltes excepcions). A partir d'aquesta dada, s'hi apliquen percentatges per a determinar intensitats d'esforç. Exemple: FC màxima d'un noi de 20 anys = 220 – 20 anys = 200 pulsacions per minut. Carrera contínua al 70% de la FC màxima = 200 x 0,70 = 140 puls/min.

- **Força (muscular)**: capacitat física bàsica que consisteix en la superació d'una resistència externa o interna mitjançant una contracció muscular.

Exercici de força superant una resistència

– **Hipertròfia**: augment de massa muscular. Es produeix un eixamplament dels músculs, normalment acompanyat d'un guany de pes corporal (no sempre lliure de greix).

– **Intensitat**: valor qualitatiu de l'exercici físic, mesurat en esforç muscular. És el grau de concentració i dificultat d'un exercici en una unitat de temps. Exemple: pulsacions per minut, velocitat (km/h), ritme de carrera (4 minuts/km), grau d'esforç a l'hora de fer el test d'agilitat, percentatge de kg aixecats respecte al màxim possible, grau d'esforç per a arribar a les últimes repeticions que s'han fet en una sèrie d'aixecament de banca.

– **Manteniment**: fase de consolidació dels resultats obtinguts amb una dieta i/o exercici físic, de manera que s'evita l'efecte rebot i la regressió al pes i característiques corporals anteriors que no es volien (percentatge de múscul i greix).

– **Mecanisme de defensa**: manera com l'organisme tracta d'evitar un atac. En termes de nutrició, es refereix al fet preventiu d'acumular greix per a utilitzar-lo en un futur com a forma d'energia en cas de necessitar-ne i no disposar-ne. Això és el que passa quan s'entra en fase catabòlica (catabolisme) per haver estat massa temps sense ingerir cap aliment. Exemple: els ossos s'alimenten a l'excés per a prevenir la falta d'ingesta d'aliments durant els períodes d'hibernació.

– **Metabolisme**: conjunt de reaccions i processos que ocorren a les cèl·lules i a l'organisme que permeten activitats diverses: créixer, reproduir-se, respondre a estímuls, etc.

– **Nutrició**: aprofitament dels nutrients, que permet mantenir l'equilibri intern de l'organisme.

– **Taxa metabòlica basal**: valor mínim d'energia perquè un organisme dugui a terme les funcions vitals bàsiques: respiració, digestió, etc. Exemple: 1000 quilocalories diàries gastades en repòs (en una dona de 30 anys amb 55 quilograms de pes corporal).

– **Parcial**: temps que es triga a recórrer una determinada distància. Exemple: en una carrera de 1000 metres, amb 5 parcials de 200 metres, podrien ser 50", 45", 48", 46" i 40".

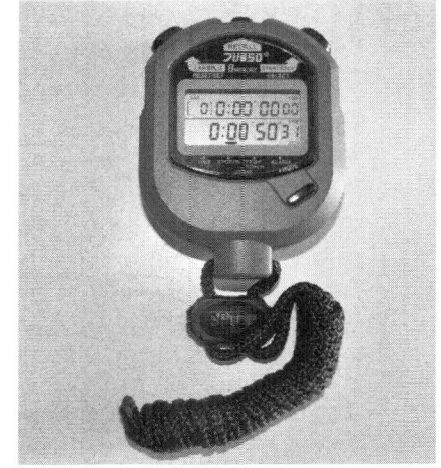

Parcial en un cronòmetre

– **Parcial acumulatiu**: consisteix en la suma del temps parcial que engloba el temps total emprat per a recórrer una distància determinada. Exemple partint del resultat de l'exemple anterior: 50" (200 metres), 1,35" (pas pels 400 m), 2,23" (pas pels 600 m), 3,09" (pas pels 800 m) i 4,09" (pas pels 1000 m).

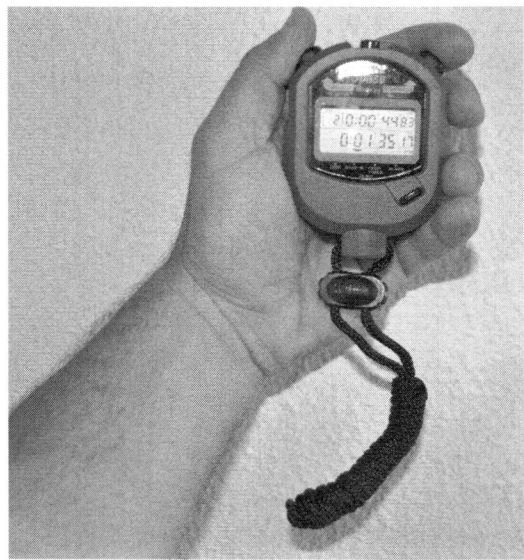

Parcial acumulat en un cronòmetre de mà

– **Planificació**: gestió per a obtenir un objectiu determinat a curt, mitjà o llarg termini.

– **Preparació esportiva:** *"un procés polifacètic d'utilització racional del total de factors (mitjans, mètodes i condicions) que permet influir de manera dirigida sobre el creixement de l'esportista i assegurar el grau necessari de la seva disposició a aconseguir unes bones marques esportives",* que planteja el procés d'entrenament com *"la manera principal de posar en pràctica la preparació de l'esportista basada en l'exercitació sistemàtica i que representa en essència un procés organitzat pedagògicament amb l'objecte de dirigir l'evolució de l'esportista (el seu perfeccionament esportiu)",* segons Matvéiev.

– **Pulsòmetre**: aparell que serveix per a mesurar la freqüència cardíaca comptant les pulsacions per minut del cor.

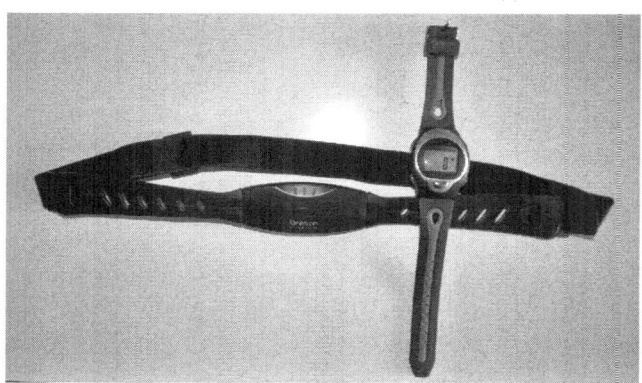

Pulsòmetre amb banda

– **Recuperació**: descans produït entre exercicis físics, normalment entre sèries. N'hi ha de dues menes: passiva (descansant, dret o assegut) i activa (caminant, trotant lentament, fent abdominals, etc.). Exemple: 2 minuts entre sèries de 500 metres de carrera.

– **Repetició**: nombre de vegades que es fa un determinat exercici. Exemple: 5 dominacions (o dominades o *pull-ups*).

– **Resistència**: capacitat física bàsica que consisteix a mantenir un esforç físic durant el màxim de temps possible.

– **Ritme**: successió regular de moviments que es repeteix en un període de temps determinat. Exemple: en una carrera de 10 km que s'ha fet en 50 minuts, el ritme (ritme mitjà) ha estat de 5 minuts cada km.

– **Sèrie**: conjunt de repeticions que es fan. Exemple: 10 dominacions componen 1 sèrie. "4 x 10" es refereix a 4 sèries de 10 repeticions cadascuna (total 40 dominacions).

– **Somatotip**: sistema dissenyat per a classificar el tipus corporal o físic. S'usa per a estimar la forma i la composició corporal, com a instrument en les avaluacions de l'aptitud física en funció de l'edat i el sexe.

– **Test**: realització d'una prova física amb la finalitat de conèixer-ne el resultat. Exemple: test de suspensió en barra amb resultat de 35 segons de durada.

– **Velocitat**: capacitat física bàsica que consisteix a desplaçar-se d'un lloc a un altre o moure una càrrega en una unitat de temps. Exemple: carrera contínua a 10 km/hora.

– **Volum**: valor quantitatiu de l'exercici físic, mesurat en distància recorregu-da, temps de durada, nombre de repeticions del test d'agilitat, quilograms alçats, repeticions fetes, dominacions o suspensió en barra. Exemple: me-tres recorreguts durant la carrera, dominacions que s'han fet, segons en què s'ha estat suspès en la barra, etc.

– **Voltes**: referit al nombre de vegades que es repeteix un circuit d'exercicis de musculació. Exemple: amb 3 exercicis (1, 2 i 3) i 12 repeticions en cadas-cun. Si es parla de fer 3 voltes al circuit, cal fer 12 repeticions de l'exercici 1, 12 de l'exercici 2 i 12 de l'exercici 3. Així dues vegades més per aquest ordre, amb la finalitat de completar el recorregut de 3 rondes.

CAPÍTOL 4

Les qualitats físiques bàsiques

1. Introducció

Les qualitats físiques principals són les següents:

– Força.

– Resistència.

– Velocitat.

– Flexibilitat.

Hi ha altres qualitats (agilitat, coordinació, etc.), però són una combinació d'aquelles.

2. Força

Consisteix en la superació d'una resistència externa o interna mitjançant una contracció muscular.

Tipus:

– **Força màxima**: realització d'una contracció voluntària que implica un desenvolupament de la força total d'una persona. Pot ser estàtica o dinàmica. Exemple: una arrencada d'halterofília.

– **Força veloç**: superació d'una resistència amb una elevada rapidesa de contracció. Exemple: un llançament de javelina.

– **Força resistència**: capacitat per a oposar-se a la fatiga en un exercici repetit de força. Exemple: la natació.

3. Resistència

És la capacitat física bàsica que consisteix a mantenir un esforç físic durant el màxim de temps possible.

Tipus:

– **Resistència aeròbica**: treball de llarga durada i intensitat baixa/mitjana, amb predomini d'oxigen suficient. Exemple: carrera contínua durant 45 minuts al 70% de la FC Màxima.

– **Resistència anaeròbica**: treball de més curta durada i alta intensitat, amb proveïment d'oxigen insuficient. N'hi ha de dos tipus:

 * Anaeròbica **làctica**, si s'acumula àcid làctic en el múscul. Exemple: una sèrie de 400 metres corrent.

 * Anaeròbica **alàctica**, quan no s'acumula aquest residu. Exemple: una cursa de 50 metres llisos.

 Recorda que...

L'àcid làctic és una substància que es forma a la sang a causa de la falta d'oxigen en els músculs quan es fa un exercici físic d'alta intensitat.

4. Velocitat

Consisteix a desplaçar-se d'un lloc a un altre o moure una càrrega en una determinada unitat de temps.

Tipus:

– **Velocitat de reacció**: capacitat de respondre a un determinat estímul en una unitat de temps. Exemple: començar la cursa de 50 metres quan sona el senyal de l'examinador.

– **Velocitat de desplaçament**: rapidesa amb què es recorre una distància. Exemple: una cursa a 5 minuts/km.

– **Velocitat gestual**: qualitat que ens permet dur a terme un moviment corporal en un determinat espai de temps. Exemple: seqüència de cops directes per part d'un boxador.

5. Flexibilitat

És la capacitat d'elongació que té el cos, en concret els músculs i les articulacions, sense arribar a danyar-se.

Tipus:

– **Estàtica**: és la que es manté en el temps després d'adoptar una determinada posició corporal. Exemple: estirament de quàdriceps portant el taló fins al gluti i mantenint la posició.

– **Dinàmica**: consisteix a fer rebots arribant o passant del rang d'una articulació. Avui dia està en desús perquè s'ha comprovat que pot produir lesions. Exemple: estirament dels isquiotibials a peu dret, amb els peus junts, fent rebots.

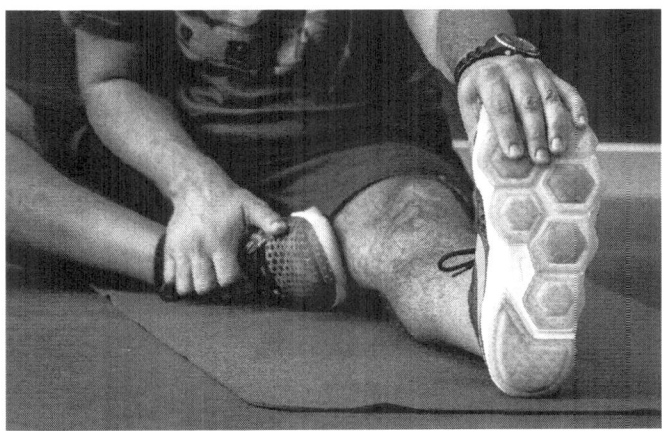

CAPÍTOL 5

Principis de l'entrenament esportiu

Índex

1. Introducció

Convé tenir una base teòrica per a comprendre la planificació i organització dels continguts d'aquest llibre. Per això, tot seguit explicarem els nou principis de l'entrenament esportiu.

Aquests són importants per a tenir èxit en el procés de l'entrenament, perquè eviten estancaments, reculades, lesions, etc.

2. Principi d'individualitat

Cada persona assimila de manera di-ferent el mateix entrenament, perquè hi ha una sèrie de factors subjectius:

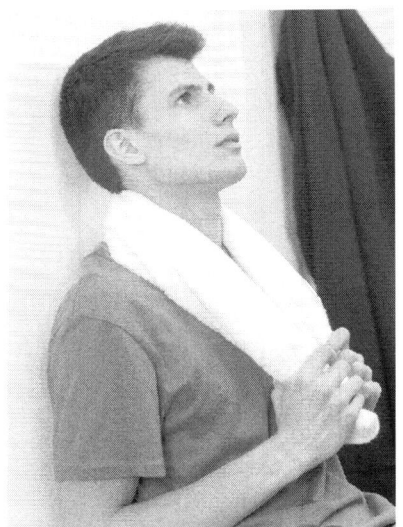

– Herència genètica.

– Maduració dels ossos i músculs.

– Nutrició.

– Descans i son.

– Nivell de condició física.

– Motivació.

3. Principi d'adaptació

És el procés **d'assimilació de la càrrega** d'entrenament, per mitjà del qual es produeixen millores en:

– La funció del cor, circulació i respiració.

– La força i resistència muscular.

– Els ossos, tendons i lligaments.

4. Principi de sobrecàrrega

Una **càrrega de treball més alta que aquella a què el cos està acostumat** produeix una millora del nivell de preparació de l'esportista.

Hi ha tres factors que influeixen en el ritme de millora:

- Freqüència.
- Intensitat.
- Temps de durada.

5. Principi de progressió

La intensitat, freqüència i durada dels exercicis s'ha d'augmentar **de mica en mica i de manera contínua**.

Aquest principi també comprèn la progressió de:

– El que és general... al que és específic.

– Les parts... a la totalitat.

– La quantitat... a la qualitat.

6. Principi de l'especificitat

Els efectes de l'entrenament són propis i determinats segons el sistema d'energia, grup muscular i tipus de moviment de cada articulació que es treballi.

El rendiment millora més quan **l'entrenament és especialitzat i concret a l'activitat**.

7. Principi de la variació

Un **programa d'entrenament ha de ser diferent** per a evitar l'avorriment i aconseguir resultats.

S'hi ha de produir l'alternança següent:

Treball/descans...... Intens/lleuger

No s'ha de treballar amb ritme intens cada dia de la setmana. Aconsellem un màxim de 2 a 4 dies per setmana. Els dies de recuperació varien entre el treball d'intensitat lleugera o d'intensitat moderada.

8. Principi de l'escalfament i retorn a la calma

L'escalfament ha de precedir qualsevol activitat intensa amb la finalitat de:

– Augmentar la temperatura corporal.

– Incrementar el ritme respiratori i les pulsacions.

A través d'un retorn **a la calma** amb una activitat lleugera després del treball in- tens, s'afavoreix l'acció de bombament de sang i la renovació dels productes de re- buig a la sang (per exemple, l'eliminació d'àcid làctic que s'hi acumula).

9. Principi d'entrenament a llarg termini

No s'ha d'accelerar el procés d'entrenament esportiu. Cal respectar les etapes de maduració del cos humà. El bon camí implica un programa d'entrenament a llarg termini, sense pressions ni especialització prematura.

10. Principi d'acció inversa

Els efectes positius de l'entrenament esportiu són reversibles. La majoria de les adaptacions que s'assoleixen es poden perdre en menys temps del que es va emprar per a guanyar-les.

Com a exemple, es diu que calen tres vegades més de temps per a guanyar resistència que per a perdre-la. La força descendeix més lentament, però el fet de no utilitzar-la causarà atròfia fins i tot en els músculs més ben entrenats.

💬 Sabies que...

Hi ha estudis que confirmen que la condició física disminueix a un ritme de prop del 10% per setmana amb un descans complet en el llit.

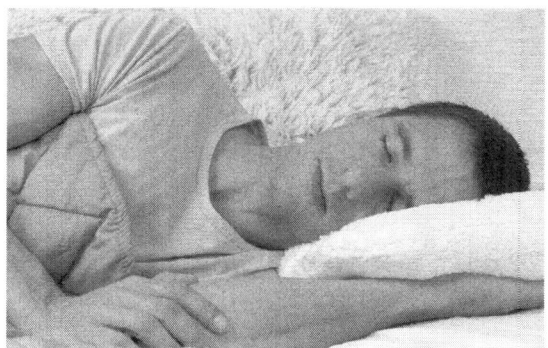

📌 Recorda que...

Els programes d'entrenament s'han de dissenyar d'acord amb els principis següents:

– Adaptar-se a les diferències individuals.
– L'efecte d'entrenament s'estableix quan el cos s'ha adaptat a la seva sobrecàrrega.
– Cal sobrecarregar l'esportista.
– Cal utilitzar progressions.
– Els efectes d'entrenament són específics al tipus d'estímul que s'utilitzi en les tasques.
– L'adaptació s'aconsegueix quan el treball va seguit de descans.
– L'escalfament i el retorn a la calma han de ser part de l'entrenament.
– No s'ha d'accelerar el procés d'entrenament.
– Els efectes de l'entrenament són reversibles.

CAPÍTOL 6

Vies metabòliques d'obtenció d'energia i nutrients necessaris

Índex

1. Introducció

L'energia (en forma d'ATP o trifosfat d'adenosina) es pot obtenir dels hidrats de carboni, de les proteïnes i dels greixos. A més, hi ha altres elements coadjuvants que són necessaris perquè el nostre organisme obtingui energia, com són determinats minerals (ferro, calci, magnesi…) i vitamines.

Hi ha tres vies metabòliques per a obtenir energia, segons el tipus d'exercici que fem. Hem de saber que qualsevol que sigui l'activitat que exercim, amb la intensitat que sigui, les tres vies metabòliques coexistiran, però en diferent proporció, de manera que una sempre predominarà sobre les altres.

2. Via anaeròbica alàctica

És capaç de proporcionar ATP de manera ultraràpida. És una via metabòlica en què l'ATP ja està format, i simplement s'ha de produir hidròlisi per a obtenir l'energia.

No necessita oxigen (és una via anaeròbica) ni cap substrat energètic (l'ATP ja està format).

Aquesta via d'obtenció d'energia predomina gairebé en exclusiva en esforços d'intensitat elevada (explosius) i de curta durada. Per exemple: una cursa de 100 metres llisos, on es necessita molta energia i molt de pressa.

Aquesta via és molt limitada quant a disponibilitat, ja que els "dipòsits" s'esgoten, i per això solament és útil per a aquesta mena d'exercicis intensos i de curta durada.

Esprint

3. Via anaeròbica làctica

En aquest cas, tampoc es necessita oxigen per a produir ATP (és també una via anaeròbica).

Quant a la velocitat de producció de l'ATP, és força ràpida, encara que no tant com la via anterior, en què l'ATP ja estava format.

És quantitativament pobre quant a producció d'ATP, ja que per cada mol de substrat (1 glucosa), s'obté una quantitat escassa d'ATP. El substrat que es necessita en aquest cas per a produir ATP és la GLUCOSA.

En aquesta via, com bé indica el nom, es produeix àcid làctic, que pot portar a una fatiga perifèrica o a una fatiga muscular.

Aquesta via s'empraria en el cas d'exercicis que requereixin **esforços d'intensitat elevada**. El substrat energètic fonamental és la glucosa, i aquesta via suposa més del 50% de la producció d'ATP en aquesta mena d'exercicis que produeixen fatiga.

4. Via aeròbica

En aquesta via d'obtenció d'energia es produeix una gran quantitat d'ATP, per la qual cosa és quantitativament molt important. Però aquest ATP es produeix de manera lenta, i per això és qualitativament pobra.

A més, necessita oxigen per a produir ATP, d'aquí el nom d'*aeròbic* ("referit a l'oxigen").

En aquest cas, es pot utilitzar qualsevol substrat energètic, no només hidrats de carboni (glucosa), sinó també greixos (en forma d'àcids grassos lliures) i proteïnes (en forma d'aminoàcids).

Aquesta via per a produir energia predomina en el cas d'esforços que es toleren

Caminar

bé, que s'exerceixen durant un temps perllongat, sense generar fatiga (**esforços per sota del llindar anaeròbic**). Pot utilitzar, com ja s'ha dit, tant hidrats de carboni com greixos o proteïnes, encara que fonamentalment utilitza greixos. Un exemple clar de via aeròbica és caminar.

Com a norma general podem classificar els substrats per a produir energia per ordre d'importància:

1r Hidrats de carboni.

2n Greixos.

3r Proteïnes.

CAPÍTOL 7

Músculs implicats en l'execució de les proves físiques

1. Introducció

Tot seguit s'explicarà l'acció muscular que es duu a terme en les quatre proves físiques.

El cos està format per un conjunt d'ossos, músculs i articulacions.

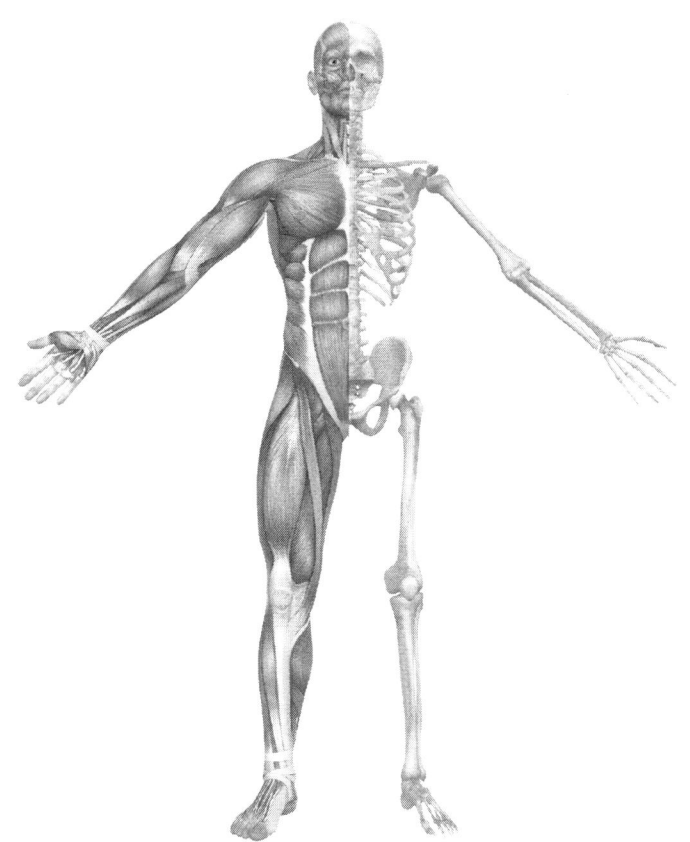

La columna vertebral serveix de sustentació i nexe d'unió entre el tren superior i l'inferior. A través seu, el cap, les extremitats superiors (braços) i les inferiors (cames) s'uneixen amb el tronc i conformen tot el conjunt d'ossos.

Aquestes extremitats estan enllaçades per articulacions, que al seu torn se sostenen per mitjà de tendons i lligaments.

Per a moure tot el conjunt d'ossos hi ha els músculs, per mitjà dels quals es poden fer accions com caminar, córrer, saltar, empènyer, etc.

Tot seguit, s'analitzaran les principals parts del cos humà que us ajudaran a completar les quatre proves físiques del procés de selecció per a l'ingrés com a mosso/a.

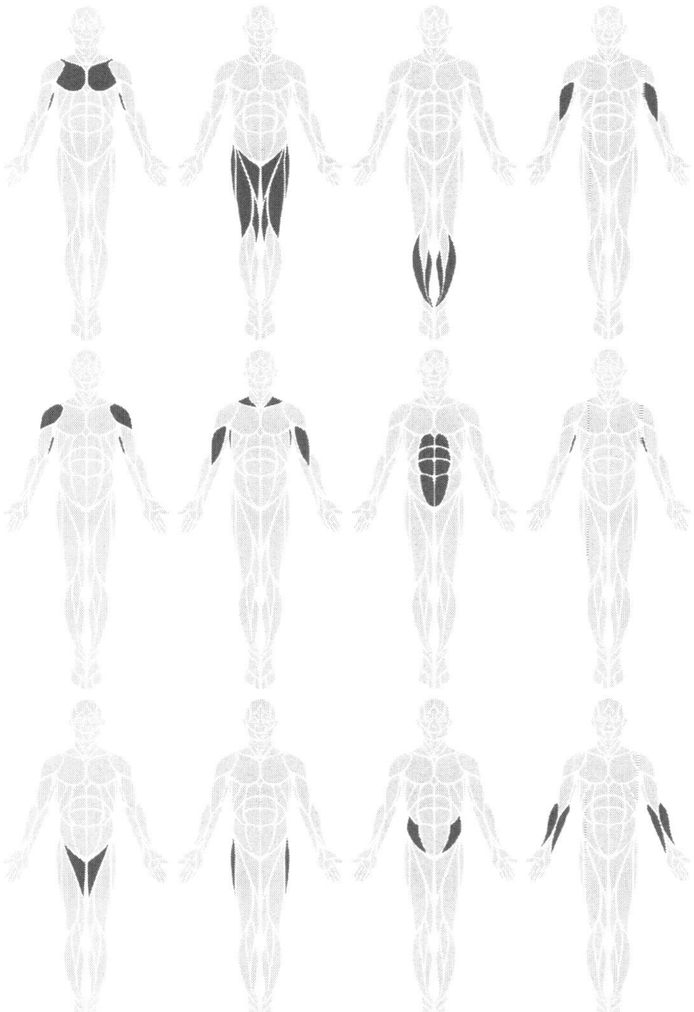

2. Circuit d'agilitat

Com que és un exercici de carrera en què s'han d'esquivar obstacles, hi actuen gairebé totes les parts del cos.

A l'hora de desplaçar-se, treballen els quàdriceps, isquiotibials i bessons.

Els adductors s'encarreguen de frenar a cada con i a cada tanca, i fan que el cos canviï la direcció cap a l'obstacle següent.

Els músculs principals que s'utilitzen per a fer la tombarella són els abdominals, quàdriceps, bessons, deltoides i tríceps.

Per a passar per sota de la tanca, s'utilitzen els músculs extensors del tronc, el pectoral i el tríceps.

En el salt de plint s'empren els quàdriceps, els isquiotibials i els bessons. Si s'hi recolzen les mans, llavors actuen músculs del tren superior.

En la carrera final actuen amb més intensitat els músculs de les cames, atès el pes del sac que s'ha de transportar.

La zona central del cos, abdominals i lumbars, intervé a l'hora de saltar o de passar cada tanca. Així mateix, també hi intervenen els quàdriceps, psoes ilíac, isquiotibials i bessons.

Circuit d'agilitat

3. Pressió sobre banc

És una prova que avalua la força extensora dels braços. Els principals músculs implicats són el pectoral i el tríceps.

També hi participa el deltoide anterior, però no tant.

Així mateix, els abdominals i lumbars treballen per a mantenir una bona posició corporal.

Pressió sobre banc

4. Cursa de llançadora (course navette)

Aquesta és una prova de resistència muscular i de resistència aeròbica.

A grans trets, els músculs que intervenen en el bon desenvolupament d'aquesta prova són els següents:

– Principals: quàdriceps, isquiotibials i bessons.

– Secundaris: psoes ilíac i gluti.

El cor hi té un gran protagonisme, perquè ha de bombar prou sang perquè els músculs implicats puguin exercir els moviments pertinents.

Cursa de llançadora (course navette)

CAPÍTOL 8

Test de valoració anatòmica

Índex

1. Índex de Massa Corporal (IMC)

L'IMC és l'índex de massa corporal i **relaciona el pes i l'altura** mitjançant la fórmula següent:

$$\text{IMC= pes (kg)/altura}^2 \text{ (m)}$$

Del resultat d'aquesta divisió surten els resultats i interpretacions següents:

<16.00: Infrapès, primesa severa.

16.00 - 16.99: Infrapès, primesa moderada.

17.00 - 18.49: Infrapès, primesa acceptable.

18.50 - 24.99: Pes normal.

25.00 - 29.99: Sobrepès.

30.00 - 34.99: Obesitat grau I.

35.00 - 40.00: Obesitat grau II.

>40.00: Obesitat grau II (mòrbida).

Segons les bases de la convocatòria a mosso/a, la **comprovació de les dades antropomètriques** s'ha de fer de manera independent mentre es fa la prova física.

Tal com s'indica en el butlletí, "es comprovarà en una única crida, el dia que es faci la prova física, que les persones participants compleixen els requisits establerts d'alçada i d'índex de massa corporal:

– Seran excloses les persones que no compleixin el requisit mínim d'alçada que estableix la base 2.1.d).

– Seran excloses les persones que no compleixin el requisit de l'índex de massa corporal que estableix la base 2.1.d).

2.1.d) Tenir una altura mínima d'1,65 m els homes i d'1,60 m les dones, i tenir un índex de massa corporal de Quetelet entre 18,5 i 30 d'acord amb el que estableix la base 6.1.5 d'aquesta convocatòria.

En cas que s'observi un desenvolupament muscular important, s'admetrà un marge de tolerància d'un 5%. L'índex de massa corporal s'estima mitjançant l'índex de Quetelet (pes en kg dividit per l'altura al quadrat en metres).

En cas que les persones participants no compleixin aquests requisits en una primera observació, l'equip mèdic responsable farà una segona observació a fi de verificar l'altura i l'índex de massa corporal.

Així mateix, es tornarà a fer una altra observació quan la persona del tribunal qualificador present a la prova ho determini.

Les persones participants que no compleixin els requisits d'altura i d'índex de massa corporal seran excloses automàticament de la convocatòria.

Tenint en compte que les dades antropomètriques són variables biològiques i, per tant, susceptibles de sofrir petits canvis depenent del dia i de les circumstàncies externes, l'exclusió (o no) de la persona participant la determinarà el resultat de les mesures que s'han pres en el dia i l'hora determinats pel tribunal qualificador, amb els aparells establerts, els procediments validats i el personal especialment format per a garantir la igualtat d'oportunitats de totes les persones participants. En conseqüència, no tindran validesa les proves i els certificats mèdics o antropomètrics que la persona participant pugui aportar abans, durant o després del dia de la comprovació i que són el resultat de proves en circumstàncies diferents per a cada persona participant".

 Recorda que...

La densitat de la massa muscular és més gran que la de la massa de greix. Per tant, si es guanya múscul, encara que es perdi molt de greix, el pes corporal pot seguir sent el mateix o fins i tot més alt que abans.

Un **IMC baix** es deu a la desnutrició, i el cos no obté la quantitat suficient de nutrients i energia que necessita. Això pot ocasionar problemes com:

– anèmia,

– desequilibris hormonals,

– poca densitat òssia, que promou l'aparició d'osteoporosi,

– defenses baixes en el sistema immunològic,

– problemes cardíacs…

Així mateix, poden aparèixer diversos símptomes com el dèficit d'energia, problemes per a agafar el son, malalties freqüents malalties, restrenyiment, dolor de pit i palpitacions cardíaques.

Un **IMC alt** pot derivar en els problemes següents:

– Malalties coronàries.

– Infart cerebral.

– Alteració dels nivells dels lípids (per exemple, triglicèrids i colesterol LDL alt, colesterol HDL baix, etc.).

– Trastorn respiratori que provoca una apnea del son.

– Càncer de còlon, de mama i d'endometri.

– Tensió arterial alta.

– Diabetis mellitus (tipus II o no insulinodependent).

– Artrosi.

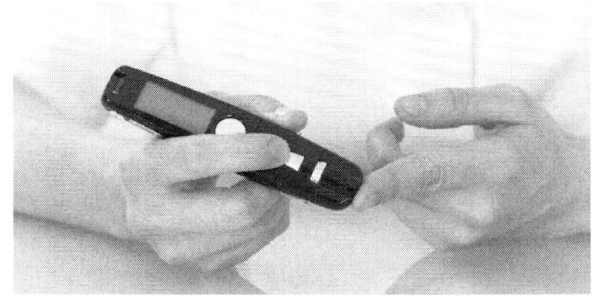

2. Índex Cintura-Maluc (ICM)

Per a evitar l'error de fixar-se solament en la bàscula, cal fer mesuraments de **perímetres corporals** significatius de **cintura i maluc** (per a més informació, es podrien mesurar el pectoral, el braç i la cama). D'aquesta manera, s'obtenen més dades a l'hora de controlar la morfologia corporal.

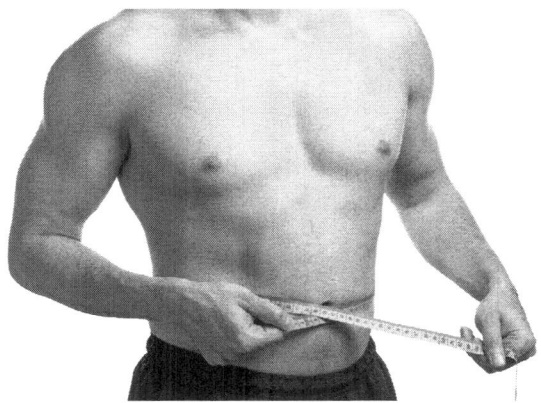

Els mesuraments es poden fer amb una cinta mètrica (de costurera o de fuster). Cal envoltar tot el contorn de la zona, amb la finalitat de saber el perímetre corporal. Una vegada s'han obtingut els valors de la cintura i del maluc, s'han d'usar en la fórmula següent:

ICM= cm de cintura / cm de maluc

– ICM = 0,71-0,84 normal per a dones.

– ICM = 0,78-0,94 normal per a homes.

Valors més alts: síndrome androide (cos de poma). Se sol donar en homes amb excés de pes i una gran acumulació de greix a la zona abdominal. També apareix en aquesta zona en les dones amb menopausa.

Valors més baixos: síndrome ginecoide (cos de pera). Se sol donar en dones amb excés de pes i una gran acumulació de greix a la zona dels malucs i glutis.

Tots dos resultats, fora dels valors normals, comporten un risc semblant al que produeix tenir un IMC alt.

L'ICM es coneix en castellà com a ICC (Índice Cintura-Cadera) i en anglès com a WHR (Waist-Hip Ratio).

3. Somatotip

> ⚡ **Recorda que...**
>
> Com es comentava en el capítol 3, el somatotip és un sistema dissenyat per classificar el tipus corporal o físic. S'utilitza per a avaluar la forma corporal i què la compon. S'utilitza com a instrument en les avaluacions de l'aptitud física en funció de l'edat i del sexe.

Per a tenir una idea del somatotip que té cada subjecte, Thibadeau fa la classificació següent:

- **Ectomorf**: ossos petits, prim, cos longilini, massa muscular baixa.
- **Endomorf**: ossos grans, greix excessiu, massa muscular de moderada a gran.
- **Mesomorf**: massa muscular gran, greix de baix a moderat, ossos grans.

Per saber el **tipus de constitució** que té cada opositor, hi ha la prova següent: envoltar el canell esquerre amb els dits polze i índex de la mà dreta. En funció del resultat, s'obté el tipus de constitució òssia:

– Normal: les puntes dels dits es toquen.

– Grossa: les puntes dels dits no es toquen.

– Fina: els dits es toquen i a més es poden muntar un sobre l'altre.

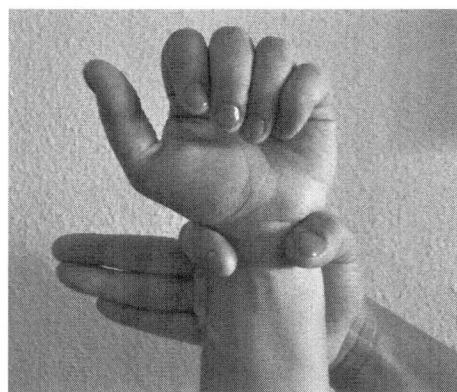

Constitució gruixuda: ossos amples

Test inicial abans de començar la preparació

1. Introducció

És important una primera **autoavaluació** de cara a saber el punt de partida de l'opositor. Així, en funció dels resultats obtinguts en cadascuna de les quatre proves físiques, l'opositor podrà triar el programa més adequat. Cada aspirant a ingressar de Mosso/a d'Esquadra té un nivell diferent. No importa quin sigui, perquè amb esforç i dedicació s'aconsegueix millorar el resultat inicial. Hi ha opositors que destacaran més en unes proves que en unes altres, però totes es poden millorar.

Tot seguit s'explicarà com **completar de manera fiable i segura** cadascuna de les tres proves.

2. Circuit d'agilitat

És una prova que avalua la flexibilitat, la coordinació, l'agilitat, la velocitat de reacció i la de desplaçament. Per a tenir un bon resultat a l'hora de fer-la, no solament cal ser veloç sinó també cal tenir certa habilitat per a girar, frenar, ajupir-se, saltar, etc.

Per a construir el circuit, necessitem el material següent:

- 2 matalassos.
- 7 cons.
- 2 barres.
- 2 tanques.
- 1 plint.
- 1 sac de 15/20 kg, segons el sexe.
- 1 taula per posar el sac.

Per a construir el circuit, es poden utilitzar materials alternatius. Les 2 tanques es poden construir amb sis barres de fusta o plàstic, quatre cons i quatre brides. Una altra opció és usar sis pals d'escombra, quatre ampolles grans plenes de sorra o de terra i quatre cordes petites. Així mateix, es poden usar ampolles com a substituts de la resta de cons, i pals d'escombra per als extrems d'una taula d'un metre d'altura, que substituiria el plint. Com a sac, es pot usar una motxilla amb llibres dins. Finalment, els matalassos poden ser estoretes o tovalloles.

Hi ha moltes maneres de preparar el test d'agilitat. L'important és que compleixi les mesures que apareixen a la base de la convocatòria (vegeu la imatge del capítol 1 d'aquest llibre). En el capítol 15 s'explica la tècnica adequada per a dur a terme de manera segura el circuit d'agilitat.

Circuit

Aquesta és l'**única prova** en què es permeten **dos intents**, i es tindrà en compte el que s'ha fet més ràpidament. S'ha d'ajustar el recorregut per a fer el mínim de metres que es pugui però sense córrer el risc de tombar res. Cal tenir en compte que els objectes que delimiten el recorregut tenen una superfície de suport petita, i qualsevol contacte pot provocar que el material del circuit d'agilitat caigui. La majoria d'opositors arrisquen en el primer intent i, si fan nul, asseguren en la segona oportunitat.

El tipus de sòl en què es duu a terme aquesta prova és parquet. Cal tenir en compte que si els entrenaments es fan en terreny més adherent (com el ciment), el dia de la prova serà fàcil relliscar, perquè el parquet és una superfície amb menys adherència.

 Vídeo recomanat

- **Circuit d'Agilitat**:

  https://youtu.be/O7ob9O9DO1I

3. Pressió sobre banc

És una prova que avalua la **força extensora dels membres superiors**, principalment pectoral i tríceps. En una proporció menor, també hi intervé el deltoide anterior.

És important tenir un bon to muscular en els músculs abdominals i lumbars, per a aconseguir mantenir una bona postura corporal a l'hora de fer les repeticions i, així, no arquejar la zona lumbar. Si la zona central del cos està tonificada, és de gran ajuda per a mantenir el tronc alineat i evitar moviments compensatoris que siguin motiu d'eliminació.

Es tracta d'una sèrie de contraccions isotòniques en què hi ha una fase concèntrica (pujada), en què els músculs s'escurcen, i una altra fase excèntrica (baixada), en què s'estiren.

Per a fer el test es necessita una barra recta llarga i alguns discos. El pes total, sumant barra i discos, ha de ser de 40 kgs per als homes i de 25 kgs per a les dones. S'ha d'alçar el pes el màxim nombre de repeticions que es pugui en un temps màxim de 45 segons.

La prova comença quan l'examinador dona el senyal, una vegada ha comprovat que l'opositor està preparat en la posició inicial: estès sobre un banc pla en posició supina, amb les cames flexionades, els peus recolzats a terra i les mans separades amb una amplària lleugerament superior a la de les espatlles.

Examen de pressió sobre banc

Perquè cada repetició sigui correcta, en la fase descendent s'ha de fer una **flexió profunda de braços fins que la barra toqui el pit**. La fase ascendent s'ha de fer **estirant completament els braços a l'altura dels colzes.**

 Sabies que...

Una vegada ha començat l'exercici no es pot parar, ni moure les mans de l'agafada inicial, ni alçar els peus de terra, ni fer moviments compensatoris amb el cos. Si s'incompleix algun c'aquests requisits, s'atura la prova i s'anoten les repeticions que s'han fet correctament fins al moment de l'incompliment

En general, les repeticions es compten en veu alta. Cada vegaca que una repetició no és correcta, l'examinador repeteix el nombre de l'anterior, i això significa que l'actual ha estat nul·la.

La barra ha de tocar el pit

Aparell de pressió de banc

Motius pels quals **no es comptabilitzen** les repeticions:

- No tocar el pit amb la barra en la fase negativa (baixada).
- No estendre els braços en la fase positiva (pujada).
- Moure les mans o els peus durant la prova.
- Fer moviments compensatoris.
- Fer rebots amb la barra.
- Utilitzar guants, magnèsia o qualsevol altra substància.

Causes eliminatòries: elevar les cames i usar guants

Causa eliminatòria: no fer l'extensió completa de braços

Causa eliminatòria: no tocar el pit amb la barra

▶ Vídeo recomanat

- **Test de pressió sobre banc**:

  https://www.youtube.com/watch?v=J_FNUFIDlH0

Recorda que...

Perquè es comptabilitzin totes les repeticions de la pressió sobre banc, cal fer-les amb una bona tècnica. Tant a l'hora de fer la prova com en els entrenaments, és aconsellable mantenir una bona posició corporal i complir una sèrie de normes, sense agafar mals hàbits:

- S'ha d'evitar fer moviments incomplets. Cal procurar flexionar prou els braços per a tocar el pit amb la barra.

- Quan es puja, cal estendre del tot els braços a l'altura del colze.

4. Cursa de llançadora (course navette)

Consisteix en una prova que avalua la **resistència aeròbica i anaeròbica, així com la velocitat de reacció, capacitat d'acceleració i velocitat de desplaçament**. L'opositor és avaluat per mitjà d'una carrera d'anada i tornada en una pista amb una recta de 20 metres de longitud.

A causa del temps que pot durar el test de la cursa de llançadora, els subministraments d'energia solen ser ATP, fosfocreatina, glucogen muscular i hepàtic. Hi intervenen en menor grau els greixos, ja que és una carrera de durada curta-mitja. Com que es produeix un gran consum d'oxigen (VO_2) i una acumulació de diòxid de carboni (CO_2), atès el ritme elevat de carrera, apareixerà una substància que limita el rendiment i que s'anomena àcid làctic.

Fonts	Vies de formació	Temps inici	Termini acció	Durada alliberament
Anaeròbia Alàctica	CrP, ATP Muscular	0	30"	10 "
Anaeròbia lactàcida	Glucòlisi (reserva glucogen)	15 - 20"	30" - 5 - 6 - min.	30 " - 1 min 30 "
Aeròbic	Oxidació, HC, greixos	90 - 180"	Fins a unes quantes hores	2 - 5 min

Sistemes energètics i les seves característiques principals, segons Pancorbo (2002)

És una prova amb què es pot determinar el màxim consum d'oxigen (VO_2 MÁX), mitjançant la fórmula següent:

$$VO_2 \text{ màxim} = 31,025 + (3,238 \times \text{Vel. en km/h}) - (3,238 \times \text{Edat}) + (0,1536 \times \text{x Vel. en km/h x Edat})$$

El protocol de la cursa de llançadora té les característiques següents:

– Test audible.

– Incremental.

– Continu (sense pauses).

– Màxim (fins a la fatiga).

– D'acceleració i desacceleració (anar i tornar).

Consisteix a córrer el màxim de temps que es pugui entre dues línies separades per 20 metres en doble sentit, anada i tornada, amb el ritme imposat per uns sons d'una reproducció d'àudio. Abans de cada xiuletada, l'examinand ha d'haver arribat al final de la recta de 20 metres.

Aquesta prova es practica en grups de fins a 15-20 persones. Cada opositor ha de tenir delimitat un carril per on ha de córrer sense entorpir els altres.

Corredor que fa la prova de carrera pel carrer

Per a fer la prova es necessita un reproductor de so que marqui els ritmes de carrera. La cursa de llançadora comença a una velocitat de 8 km/h i es manté durant el primer minut. En cada període cal fer un nombre de rectes determinat per la velocitat que imposa cada so. L'objectiu de la prova és que el subjecte es trobi en un extrem o en l'altre del traçat abans no soni el senyal.

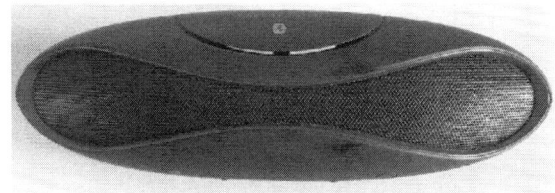

Reproductor de so

Corredor que espera el senyal acústic a la zona corresponent

Cada minut canvia el període i, per tant, la velocitat. Hi ha un increment de 0,5 km/h, excepte del primer període al segon en què l'augment és d'1 km/h. Aquest canvi entre períodes s'indica per mitjà d'un so diferent del de l'inici de cada carrera de 20 metres.

PERÍODE	KM/H
1	8
2	9
3	9,5
4	10
5	10,5
6	11

7	11,5
8	12
9	12,5
10	13
11	13,5

Velocitat segons el període

Amb aquesta taula de dades es pot calcular el temps màxim per a recórrer la distància de 20 metres en cadascun dels períodes.

Com es pot apreciar en la taula següent, com més gran és el període, més alta la velocitat que imposen les xiuletades. Per conseqüent, el temps disponible per a córrer els 20 metres es va fent cada vegada més curt.

Fases (minuts)	Velocitat en km/h	Temps fraccionat (segons)	Distàncies recorregudes (m)
1	8	9.00	133
2	9	8.00	283
3	9.5	7.58	441
4	10	7.20	608
5	10.5	6.86	783
6	11	6.54	966
7	11.5	6.26	1158
8	12	6.00	1358
9	12.5	5.76	1566
10	13	5.54	1783
11	13.5	5.33	2008
11,5	13,5	5.33	2125

Temps fraccionat de cada període

Amb la finalitat d'entrenar **el factor psicològic,** és important practicar el test una vegada al mes. No és el mateix córrer al carrer o en un parc, que en una recta de 20 metres fent traçats en el mateix escenari.

Es pot dur a terme en una pista d'atletisme, en un camp de futbol sala, bàsquet o a una altra zona. L'important és que la recta faci 20 metres. Hi ha parcs amb distàncies ja mesurades, encara que amb un metre de fuster és fàcil determinar la distància de 20 metres. Cal tenir en compte que el terreny sobre el qual es fa la prova oficial és ciment. Per tant, cal dur a terme algun test sobre aquesta mena de sòl.

Etapa	Vel	1	2	3	4	5	6	7	8	9	10
1	8,5	20	40	60	80	100	120	140			
2	9	160	180	200	220	240	260	280	300		
3	9,5	320	340	360	380	400	420	440	460		
4	10	480	500	520	540	560	580	600	620		
5	10,5	640	660	680	700	720	740	760	780	800	
6	11	820	840	860	880	900	920	940	960	980	
7	11,5	1000	1020	1040	1060	1080	1100	1120	1140	1160	1180
8	12	1200	1220	1240	1260	1280	1300	1320	1340	1360	1380
9	12,5	1400	1420	1440	1460	1480	1500	1520	1540	1560	1580
10	13	1600	1620	1640	1660	1680	1700	1720	1740	1760	1780
11	13,5	1820	1840	1860	1880	1900					

Nombre de rectes recorregudes en cada període i distància acumulada

És preferible entrenar la carrera per terra o herba per a **evitar lesions per sobrecàrrega**, i que els impactes sobre el sòl no tinguin tanta repercussió sobre les articulacions de maluc, genoll i turmell. Una excepció pot ser el dia quan es faci el test, en què és preferible que es faci sobre ciment, com el dia de la prova oficial.

Entrenament de carrera en terreny tou (terra d'un parc)

Per a millorar aquesta prova es fan servir exercicis de musculació de tot el cos, incloent-hi el tronc (abdominals, lumbars, flexions, etc.).

Causes eliminatòries:

- No trepitjar la línia en el moment que indica el dispositiu d'àudio.

- Anar per davant del ritme que marca el senyal sonor.

- Fer el canvi de sentit sense haver trepitjat la línia.

- Fer girs circulars, en lloc de pivotar sobre la línia.

Si algun opositor comet alguna d'aquestes infraccions, s'anota l'últim període complet.

Causa eliminatòria: no trepitjar la línia del final dels 20 metres

 Sabies que...

Un rècord que feia anys que no es batia en marató es va superar per l'ús d'exercicis de musculació i peses. Per a millorar la carrera és important el treball muscular i no solament aeròbic.

 Vídeos recomanat

Test de cursa de llançadora:
https://www.youtube.com/watch?v=CigxEEySkC8

Es recomana usar un cronòmetre per a controlar a cada moment el temps que falta per a acabar cada període. L'ús d'aquest aparell està permès pels examinadors.

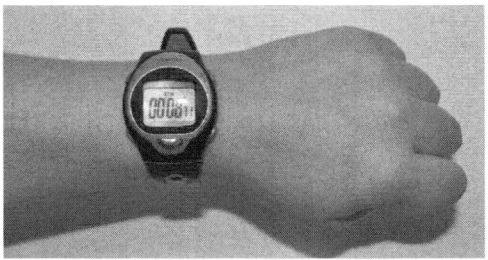

Cronòmetre

 Recorda que...

És important controlar el ritme de carrera en cada període per a no ser eliminat si no s'arriba a temps a les zones dels extrems.

CAPÍTOL 10

Interpretació dels tests: nivell de condició inicial

El primer que cal tenir en compte és l'estat de forma física actual. Per a saber-lo, l'opositor ha de fer un test inicial de les tres proves físiques.

✦ Recorda que...

Perquè les tres proves físiques facin una mitjana entre si, cal obtenir almenys 1 punt en cadascuna. Cada prova es puntua de 0 a 10. Per a superar aquesta part de l'oposició, la mitjana ha de ser igual o superior a 5 punts. Tanmateix, perquè l'opositor vagi tranquil a l'examen, és aconsellable portar ben preparades totes les proves, amb marques superiors a les exigides.

El test inicial és important perquè l'usuari conegui el seu **estat físic de partida** i saber com adaptar els entrenaments a aquest nivell. Per a evitar resultats no volguts, es recomana triar exactament l'entrenament que correspongui a aquest nivell. El fet de triar un nivell més alt no implica una millora més bona, sinó tot el contrari. Pot arribar a haver-hi un risc gran de lesió i, si això passa, comporta una reculada en l'estat de la forma física que s'havia aconseguit.

Cada aspirant ha d'**entrenar sobre la base de les marques que ha obtingut en primera instància** i ha d'anar millorant per a arribar al dia de les proves físiques oficials amb una bona posada al punt.

HOMES					
Marca / Prova	Nivell molt baix	Nivell baix	Nivell mitjà	Nivell alt	Nivell molt alt
Circuit d'agilitat	més de 20"8	20"8 - 19"7	19"6 - 18"2	18"1 - 17"	menys de 17"
Pressió sobre banc	menys de 20	20 - 25	26 - 31	32 - 36	més de 36
Cursa de llançadora	menys de 7,5	7,5 - 8,5	9 - 10	10,5 - 11,5	més de 11,5

DONES					
Marca Prova	Nivell molt baix	Nivell baix	Nivell mitjà	Nivell alt	Nivell molt alt
Circuit d'agilitat	més de 24"6	24"6 - 23"1	23" - 22"	21"9 - 20"7	menys de 20"7
Pressió sobre banc	menys de 6	6 - 11	12 - 17	18 - 24	més de 24
Cursa de llançadora	menys de 6,5	6,5 - 7	7,5 - 8	8,5 - 9,5	més de 9,5

Nivell de forma física, amb una relació de la prova
que s'ha fet i del resultat que s'hi ha obtingut

Exemple: una opositora amb els resultats següents en el test inicial:

– Circuit d'agilitat: 25 segons (nivell molt baix).

– Pressió sobre banc: 35 repeticions (nivell alt).

– Cursa de llançadora: 8 períodes (nivell baix).

Després de saber el nivell en cadascuna de les proves, l'opositor pot **triar la càrrega dels entrenaments** en els programes que s'inclouen en aquest llibre. Exemple: un entrenament de carrera per a un opositor que ha obtingut 5 períodes en la cursa de llançadora (nivell molt baix) ha de ser diferent de l'entrenament d'un altre opositor amb una marca de 10 períodes (nivell mitjà). El primer necessita caminar a ritme mitjà per a aguantar el temps indicat (p. ex. 50 minuts) i el segon pot fer aquest mateix temps corrent a ritme alt.

Convé que cadascun triï l'entrenament segons el nivell que té. En cas contrari, si es regís per un nivell més alt, es podria lesionar. Si el nivell d'entrenament triat fos menor que el que li correspon, no milloraria o fins i tot podria empitjorar el seu rendiment actual. Amb aquesta guia es podrà avançar de manera segura i afermant els resultats.

CAPÍTOL 11

Nutrició i suplements esportius

1. Els grups i tipus d'aliments

És un fet més que demostrat que l'alimentació d'un esportista influeix molt en el **rendiment esportiu**. Si se subministren els nutrients necessaris per al bon funcionament de l'organisme, les possibilitats d'èxit es multipliquen. Per això és molt important consumir una **dieta sana i equilibrada**. En cas contrari, l'entrenament no causarà el mateix efecte.

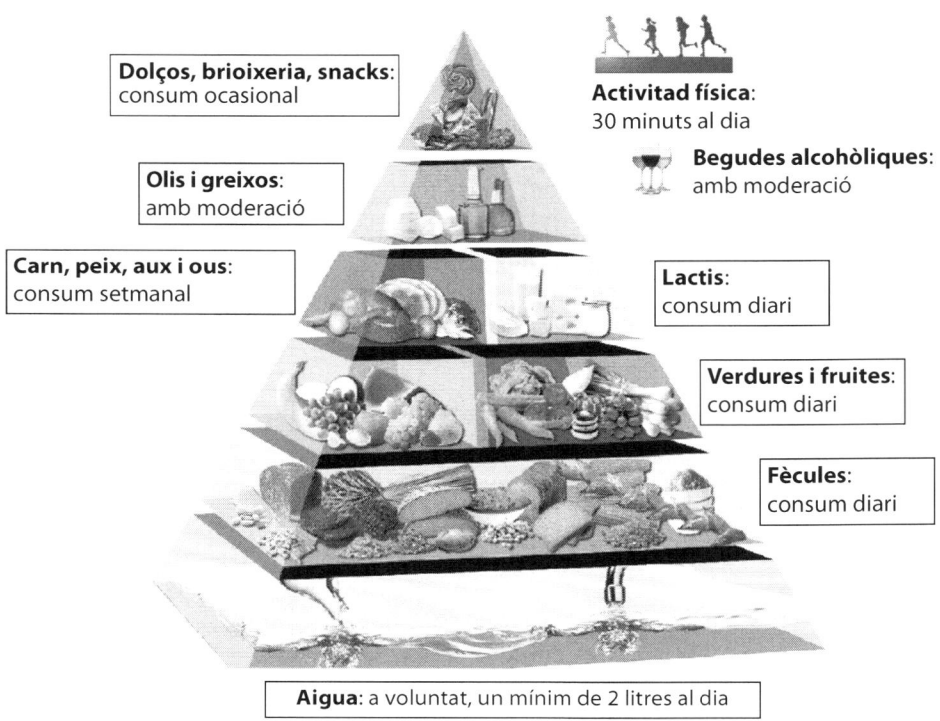

Dolços, brioixeria, snacks: consum ocasional

Activitad física: 30 minuts al dia

Begudes alcohòliques: amb moderació

Olis i greixos: amb moderació

Carn, peix, aux i ous: consum setmanal

Lactis: consum diari

Verdures i fruites: consum diari

Fècules: consum diari

Aigua: a voluntat, un mínim de 2 litres al dia

Per a seguir una alimentació correcta convé conèixer quins tipus d'aliments hi ha i d'on provenen.

La coneguda "piràmide dels aliments" els classifica en set grups:

- **Grup I.** Dolços i snacks. Aliments energètics. Hi predominen els lípids.

- **Grup II.** Llards i olis. Aliments energètics. Hi predominen els lípids.

- **Grup III.** Carn, peix i ous. Aliments plàstics. Hi predominen les proteïnes.

– **Grup IV**. Llet i derivats. Són aliments plàstics. Hi predominen les proteïnes.

– **Grup V**. Verdures i fruites. Aliments reguladors. Hi predcminen les vitamines i minerals.

– **Grup VI**. Llegums, hortalisses, fruita seca i patates. Aliments energètics, plàstics i reguladors. Hi predominen els glúcids però també tenen quantitats importants de proteïnes, vitamines i minerals.

– **Grup VII**. Fècules i cereals. Aliments energètics. Hi predominen els glúcids.

Classificació dels aliments

A) Segons l'origen

– Els d'origen vegetal: verdures, fruites, cereals.

– Els d'origen animal: carns, llet, ous.

– Els d'origen mineral: aigües i sals minerals.

Cadascun d'aquests aliments proporciona al nostre organisme substàncies que són indispensables perquè funcioni i es desenvolupi correctament.

Aquestes substàncies són:

– Els hidrats de carboni (pa, farines, sucres, pastes), d'alt valcr energètic.

– Les proteïnes (carns, ous, làctics, llegums) necessaris per al creixement i formació dels teixits.

– Els lípids (greixos i olis) que produeixen energia.

– Aigües i sals minerals en proporcions variables per a equilibrar les funcions de l'organisme.

– Les vitamines, que són substàncies químiques complexes, en quantitats mínimes però indispensables per al bon estat de l'organisme.

B) Segons la descripció

– Aliments làctics (llet, caseïna, crema, llard, formatge).

– Aliments carnis i relacionats (carn, ous).

– Aliments farinacis (cereals, farines).

- Aliments vegetals (hortalisses i fruites).

- Aliments ensucrats (sucres, mel).

- Aliments grassos (olis alimentosos, greixos alimentosos, margarina).

- Begudes (begudes alcohòliques, o sense alcohol, xarops, sucs vegetals, begudes fermentades, vins i productes afins, licors).

- Productes estimulants i fruïtius (cacau i xocolata, cafè i succedanis, té, herba mat).

- Correctius i coadjuvants (espècies o condiments vegetals, fongs comestibles, llevats, ferments i derivats, sal i sals compostes, salses, saons o amaniments, vinagres).

Una bona alimentació ha de ser equilibrada i completa, és a dir, ha de tenir tots els grups esmentats i cobrir totes les necessitats de l'individu.

2. Necessitats nutricionals per a la pràctica esportiva

Una alimentació adequada és una gran ajuda per als esportistes. En el cas dels que es preparen per a les proves físiques d'una oposició, té un objectiu: ajudar-los a millorar les marques. Per als afeccionats que practiquen esport amb la idea de millorar la salut o la figura, o per passatemps, l'objectiu d'una alimentació adequada és satisfer les necessitats nutritives, i evitar tant les faltes com els excessos. Així doncs, és important que tots els esportistes segueixin una alimentació adequada, més encara si són opositors.

- **Energia**. Les necessitats nutricionals depenen de l'edat, del pes, de l'estil de vida, de l'estat de salut i, sobretot, del tipus d'activitat física. La dieta ha de ser equilibrada per a aconseguir un rendiment esportiu òptim. La ingesta energètica ha de cobrir la despesa calòrica i permetre a l'esportista mantenir el seu pes corporal ideal.

- **Hidrats de carboni**. La ingesta òptima de carbohidrats en els opositors al cos de Mossos d'Esquadra ha d'estar en un 50-60% del total de les calories que s'ingereixen, en una proporció del 10% per als hidrats de carboni simples o d'assimilació ràpida (dolços, sucre…) i el percentatge restant per als hidrats de carboni complexos o d'assimilació lenta (cereals i derivats, patates, verdures…). En general, els esportistes haurien de consumir una dieta alta en carbohidrats per a mantenir en nivells òptims la disponibilitat de glucogen muscular durant períodes d'entrenament i competició, de manera que pugui tenir una resistència esportiva més alta.

- **Proteïnes**. Es recomana que les proteïnes impliquin el 10-15% de la quantitat d'energia necessària diària. Se sol donar el cas que l'esportista, ansiós de millorar el seu desenvolupament muscular, exageri la ingesta de proteïnes. Tanmateix, les necessitats no superen els 2 g de proteïnes per kg de pes i dia (excepte en esports de força, en què poden arribar fins a 3 grams). Aquests requeriments són coberts per la ingesta raonable de carn, ous, peix i productes làctics. Un excés de proteïnes en l'alimentació pot ocasionar una acumulació de deixalles tòxiques i altres efectes perjudicials per a la bona forma de l'esportista.

- **Lípids o greixos**. Les recomanacions de greixos per a esportistes són un 30-35% de les calories totals diàries. Tant una aportació excessiva com deficitària de greix poden comportar efectes negatius per a l'organisme. Si el contingut de lípids de la dieta fos reduït, hi hauria risc de patir deficiències en vitamines liposolubles i àcids grassos essencials. Si, per contra, la dieta contingués un excés de greix, el rendiment físic és més baix i l'esportista seria propens a una sèrie d'alteracions com l'obesitat i els problemes digestius i cardiovasculars.

- **Aigua**. En condicions normals, necessitem cap a dos o tres litres d'aigua diaris per a mantenir l'equilibri hídric. En el cas d'un esforç físic important i/o condicions altes de temperatura i humitat, les necessitats d'aigua augmenten, i es poden perdre fins a més de dos litres per hora. Un desequilibri hídric alt pot minvar el nostre rendiment físic i fins i tot arribar a causar danys irreversibles per deshidratació. S'aconsella beure abans, durant i després de l'exercici físic, sobretot en els esports de llarga durada.

- **Minerals**. Les necessitats de calci augmenten en les dones amb una gran activitat esportiva, en les quals se sol produir amenorrea (absència de la menstruació). Aquest increment del consum de calci serveix per a compensar els baixos nivells d'estrògens i un poder d'absorció intestinal baix de calci. Amb aquest efecte, es recomana una alimentació rica en productes làctics (llet, formatge, iogurt…). Les necessitats de ferro són més altes en les persones que practiquen esport habitualment que en les persones sedentàries. Això es deu al fet que tenen unes pèrdues superiors i uns nivells més alts d'hemoglobina en sang. A més, les dones han de compensar es pèrdues que es produeixin a través de la menstruació. Per tant, les dones esportistes han d'augmentar el consum d'aliments rics en ferro (llegums, carn, ous…).

- **Vitamines**. La capacitat física disminueix quan hi ha una manca de vitamines. En funció d'aquest fet, s'ha estès la idea que un suplement vitamínic pot incrementar el rendiment en una pràctica esportiva. Tanmateix, els estudis que s'han elaborat no corroboren que una addició de vitamines millori el rendiment físic.

Una aportació suplementària de vitamines solament pot exercir un efecte beneficiós en el rendiment de les persones que tinguin un dèficit vitamínic, i només fins al moment que els valors a la normalitat. Però una persona que s'alimenta equilibradament no té aquesta manca.

> 💬 Sabies que...
>
> Un gram d'hidrats de carboni i de proteïnes són 4 quilocalories. Tanmateix, un gram de greix són 9 kcal.
>
> Per tant, s'arriba ràpidament al 30-35% de calories recomanades amb una quantitat baixa d'aliments rics en lípids.

3. Repartiment diari d'àpats

El repartiment del total energètic en el transcurs del dia és extremadament important per a aprofitar correctament tots els nutrients que s'ingereixen.

El nombre d'àpats diaris hauria de ser cinc, tant per a mantenir el nostre pes com per a reduir-lo o augmentar-o. A igual proporció, com més àpats es prenen més alt és el rendiment, perquè s'eviten les fatigues digestives i els accessos d'hipoglucèmia. A més, mantenim en constant funcionament l'organisme i la nostra taxa metabòlica basal és elevada (que és el que cremem en repòs amb les funcions vitals bàsiques, com la respiració, la digestió...).

En l'àpat anterior a l'entrenament, és important ingerir aliments rics en hidrats de carboni complexos. Aquest àpat s'ha de fer una hora i mitja abans de la pràctica esportiva.

A mesura que avança el dia, és aconsellable que disminuïm el consum d'hidrats de carboni i greixos i que augmentem la ingesta de proteïnes. A aquest efecte, el sopar ha de contenir una proporció més alta de proteïnes, tant vegetals com animals.

Una bona distribució de l'energia consistiria a efectuar cinc àpats diaris.

– Desdejuni: 15-25%

– Esmorzar a mig matí: 10-15%

- Dinar: 25-35%

- Berenar a mitja tarda: 10-15%

- Sopar: 15-20%

Un estat nutricional òptim no s'aconsegueix mitjançant els àpats previs a la competició, ni tan sols amb les ingestes dels àpats anteriors a la prova. Un bon estat de nutrició és el resultat d'uns hàbits alimentaris que es practiquen adequadament i durant molt de temps, amb regularitat, no és una qüestió d'uns pocs àpats. Tanmateix, per a persones que segueixen una alimentació correcta, sí que hi influeix que els tres dies anteriors a la prova facin una "supercompensació" d'hidrats de carboni complexos (és a dir, un augment del consum dels carbohidrats complexos o de lenta assimilació, amb la finalitat de reposar els dipòsits de glucogen muscular).

 Recorda que...

L'alimentació t'ajudarà considerablement a assolir resultats esportius i a millorar les marques en les proves de l'oposició al cos de Mossos d'Esquadra.

4. Pautes nutricionals

Hi ha opositors que necessiten aprimar-se per a estar més lleugers a l'hora de fer les proves físiques. A uns altres, en canvi, els va bé guanyar una mica de pes corporal i massa muscular per a tenir prou força i energia per a assolir l'èxit. Els qui ja tenen un pes adequat, poden **formar massa muscular i perdre greix corporal** perquè el cos sigui més eficient.

Tot seguit se citen unes pautes i dietes tipus per als diferents casos d'opositors. S'hi pren com a referència un home adult de 70 kg de pes corporal.

A) Cas 1: opositor que necessita reduir el pes

El fet que un aspirant a Mosso/a d'Esquadra tingui excés de pes no és convenient, perquè és més lent i menys àgil a l'hora de fer les proves físiques.

Les recomanacions per a aquesta mena d'opositor són que:

− Ha de procurar que no passin més de 3 hores entre un àpat i un altre. Així aconseguirà fer 5-6 àpats al dia i mantenir el metabolisme en funcionament constant. Quan se subministren aliments a l'organisme cada molt de temps (períodes de moltes hores sense menjar), aquest els acumula en forma de greix com a mecanisme de defensa per a "sobreviure" sense aliment mentre no en rep més.

Un altre avantatge de fer més àpats és que, amb cada digestió, el cos "crema" calories.

− Si algun cop té molta gana abans d'un àpat, ha de prendre una poma acompanyada de dos gots d'aigua amb la finalitat de sadollar l'excés de gana. Això provoca sacietat i evita que estiguem ansiosos i mengem massa de pressa o ens atipem de menjar.

− Ha d'evitar consumir hidrats de carboni (pasta, arròs, pa, patata…) en les hores prèvies d'anar al llit, ja que aquests s'acumulen en forma de greix si no es cremen, i dormint estarem en estat de repòs. Els dos àpats d'abans d'anar a dormir s'haurien de basar en proteïnes (carn, peix, ous), i podrien acompanyar-se d'amanida o verdura.

− És molt important beure almenys 2 litres d'aigua cada dia, sobretot entre àpats. Quan s'ingereix molta proteïna, el cos necessita aigua per a filtrar-la. Quan es prengui alguna cosa fora de casa, ha de triar begudes baixes en calories i sense gas: te sense sucre, suc natural acabat d'esprémer o alguna beguda isotònica.

− A causa de la consegüent retenció de líquids, ha de reduir-se la ingesta diària de sal i d'aliments que en continguin molta (pastilles de brou de carn o peix, mostassa, patates fregides, fruita seca, bacallà salat, salsa de soia, galetes salades, anxoves en oli…).

− Els dolços estan prohibits (brioixeria, xocolata, sucre refinat, llaminadures, pastissos, coques, etc.).

− Evitar el pa en els àpats principals.

− Cuinar al forn, al vapor, bullit, a la graella i a la planxa amb el mínim d'oli i sempre d'oliva (abocant-n'hi només una cullerada a la paella i refregant-la amb un tovalló).

- És aconsellable menjar 4-5 racions diàries de fruites i verdures.

- És preferible usar sacarina en comptes de sucre.

- No s'han d'utilitzar salses ni oli per a amanir el menjar; solament llimona, un polsim de sal i vinagre (però no crema balsàmica).

- Es recomana prendre una infusió després del dinar i del sopar (te, cua de cavall, dent de lleó...). Tenen propietats digestives i diürètiques.

- Es pot fer un àpat a la setmana que no sigui de dieta, però en una quantitat moderada.

- Per a aconseguir encara més resultats, es recomana usar algun suplement, com un cremador de greix, l-carnitina...

- És molt important ingerir un àpat extra que sigui ric en proteïna just després d'entrenar. La raó és que el cos està en fase de catabolisme i té més facilitat per a assimilar nutrients i reparar els músculs, cosa que afavoreix la recuperació entre entrenaments. Pot ser un suplement de batut de proteïna (o l'equivalent en aliments). Es recomana que no passi més de mitja hora un cop ha acabat l'entrenament.

	Dilluns	Dimarts	Dimecres	Dijous	Divendres	Dissabte	Diumenge
Desdejuni	Llet amb cereals	Suc natural i torrada pernil	Llet amb cereals	Suc natural i torrada pernil	Llet amb cereals	Suc natural i torrada pernil	Llet amb cereals
Esmorzar	Entrepà gall dindi i 2 fruites	Entrepà gall dindi i 2 fruites	Entrepà gall dindi i 2 fruites	Entrepà gall dindi i 2 fruites	Entrepà gall dindi i 2 fruites	Entrepà gall dindi i 2 fruites	Entrepà gall dindi i 2 fruites
Dinar	Amanida i arròs amb pollastre	Llegums i peix a la planxa	Amanida i pasta amb verdures	Llegums i peix cuit	Verdures i patates amb carn	Amanida i peix a la planxa	Verdures i gall dindi al forn
Berenar	Llauna tonyina i 2 fruites	2 clares cuites i 2 fruites	Llauna tonyina i 2 fruites	2 clares cuites i 2 fruites	Llauna tonyina i 2 fruites	2 clares cuites i 2 fruites	Llauna tonyina i 2 fruites
Sopar	Puré verdures i truita de 3 clares	Amanides i carn a la planxa	Puré d'hortalisses i peix a la planxa	Minestra verdures i truita de 3 clares	Ensalada russa i pollastre a la planxa	Puré verdures i truita de 3 clares	Brou de pollastre i peix a la planxa

Exemple de dieta de 2000-2200 quilocalories per a aprimar i perdre greix dirigida a una persona amb una despesa calòrica alta

B) Cas 2: opositor que necessita augmentar el pes

Estar massa prim també és perjudicial a l'hora de superar amb èxit les proves físiques, perquè convé tenir energia i una bona massa muscular per a fer els entrenaments.

Les recomanacions que aquest perfil d'opositor ha de tenir en compte són:

– Ha de procurar que no transcorrin més de 3 hores entre un àpat i un altre. Així aconseguirà fer 5-6 àpats al dia i evitarà la fase catabòlica (destrucció del múscul) i se'n promourà l'anabòlica (creació de massa muscular) perquè tindrà un subministrament de nutrients constant.

– Ha d'augmentar la quantitat de calories diàries per mitjà de la ingesta d'hidrats de carboni composts (pasta, arròs, pa, patata…) i, sobretot, de proteïnes (carn, peix, ous, llegums…).

– És molt important beure almenys 2 litres d'aigua cada dia, sobretot entre àpats. Quan s'ingereix molta proteïna, el cos necessita aigua per a filtrar-la. Quan es prengui alguna cosa fora de casa, ha de triar begudes baixes en calories i sense gas: te sense sucre, suc natural acabat d'esprémer o alguna beguda isotònica.

– L'últim àpat abans d'anar a dormir hauria de ser ric en proteïnes i, si conté hidrats de carboni, que en sigui poca quantitat, ja que s'acumulen en forma de greix perquè les hores següents s'estarà inactiu (dormint).

– A causa de la consegüent retenció de líquids, s'ha de reduir la ingesta diària de sal i d'aliments que en continguin mola (pastilles de brou de carn o peix, mostassa, patates fregides, fruita seca, bacallà salat, salsa de soia, galetes salades, anxoves en oli…).

– Es recomana cuinar al forn, al vapor, bullit i a la planxa amb el mínim oli (i sempre d'oliva).

– Es pot menjar fruita seca, però amb moderació. Contenen proteïnes però també molt de greix.

– Si es pretén guanyar massa muscular lliure de greix, s'han d'evitar els dolços i les salses en els menjars. Aquesta mena d'aliments tapen molt els músculs i no permeten que siguin visibles.

– Mengi 4-5 fruites i/o verdures diàries.

– Per a amanir es pot usar una mica d'oli d'oliva, un polsim de sal i vinagre (però no crema balsàmica).

– Es pot prendre cafè amb moderació.

– Es poden fer dos àpats a la setmana que no siguin de dieta, però en quantitat moderada.

– Per a aconseguir uns resultats més bons, es recomana l'ús de suplements nutricionals com batuts de proteïna i de carbohidrats, creatina...

– És molt important ingerir un àpat extra que sigui ric en proteïna just després d'entrenar. La raó és que el cos està en fase de catabolisme i li és més fàcil assimilar nutrients i reparar els músculs, cosa que afavoreix la recuperació entre entrenaments. Pot ser un suplement de batut de proteïna o l'equivalent en aliments. Per a aquesta ingesta, es recomana que no passi més de mitja hora un cop ha acabat l'entrenament.

	Dilluns	Dimarts	Dimecres	Dijous	Divendres	Dissabte	Diumenge
Desdejuni	Truites de 3 clares i llet amb cereals	Suc natural, torrada pernil i 1 plàtan	Truites de 3 clares i llet amb cereals	Suc natural, torrada pernil i 1 plàtan	Truites de 3 clares i llet amb cereals	Suc natural, torrada pernil i 1 plàtan	Truites de 3 clares i llet amb cereals
Esmorzar	Entrepà gall dindi, 2 clares cuites i 2 fruites	Entrepà gall dindi i 2 fruites	Entrepà gall dindi, 2 clares cuites i 2 fruites	Entrepà gall dindi i 2 fruites	Entrepà gall dindi, 2 clares cuites i 2 fruites	Entrepà gall dindi i 2 fruites	Entrepà gall dindi, 2 clares cuites i 2 fruites
Menjar	Amanida i arròs amb pollastre	Llegums i peix a la planxa amb patates	Amanida i pasta amb verdures i carn	Llegums i peix cuit amb patates	Verdures i patates amb carn	Amanida de pasta i peix a la planxa	Verdures i gall dindi al forn
Berenar	Llauna tonyina, 2 torrades i 2 fruites	2 clares cuites, 2 galetes d'arròs i 2 fruites	Llauna tonyina, 2 torrades i 2 fruites	2 clares cuites, 2 galetes d'arròs i 2 fruites	Llauna tonyina, 2 torrades i 2 fruites	2 clares cuites, 2 galetes d'arròs i 2 fruites	Llauna tonyina, 2 torrades i 2 fruites
Sopar	Puré verdures i peix a la planxa	Amanides i vedella a la planxa	Puré d'hortalisses i peix a la planxa	Minestra verdures i truita de 3 clares	Ensalada russa i pollastre a la planxa	Puré verdures i truita de 3 clares	Brou de pollastre i peix a la planxa

Exemple de dieta de 2800-3000 quilocalories per a augmentar el pes i la massa muscular dirigida a un subjecte amb una despesa calòrica baixa

Sabies que...

La manera de calcular quanta aigua ha de beure una persona és dividir el seu pes corporal entre 30. Així doncs, algú que pesa 75 quilograms ha de beure 2,5 litres d'aigua al dia.

5. Alimentació després de l'exercici físic

L'alimentació que té lloc després d'un entrenament o després d'una competició té tanta importància com la que es duu a terme abans. Si l'alimentació després de l'exercici no és l'adequada, ni s'ingereixen els líquids que s'han perdut, l'esportista no es recuperarà adequadament o necessitarà un període més llarg de temps per a aconseguir estar a punt, i per això no obtindrà el rendiment que vol en l'entrenament o la competició següent.

És important prendre aliments rics en hidrats de carboni com pa, patates, pasta, arròs, fruita... durant els 15 minuts següents a un entrenament o competició, així com al cap de 2 i de 4 hores d'haver acabat l'exercici, de manera que els músculs puguin recuperar el glucogen perdut. Però en una dieta de recuperació també és important no oblidar les proteïnes, ja que algunes poden fer que la recuperació del glucogen durant les primeres hores després de la competició sigui més ràpida. Una bona manera d'ingerir aliments proteics és combinar-los amb aliments rics en hidrats de carboni, de manera que s'obtenen plats tan variats com entrepans de pernil o gall dindi, cereals amb llet, carn o peix amb patates...

També és important tenir en compte que amb la suor es perden electròlits com potassi i sodi, i per això és important recuperar-los mitjançant la dieta. Són aliments rics en potassi i compatibles amb una dieta de recuperació: les patates, el plàtan o els sucs de fruites, mentre que el sodi està present en aliments com el formatge, el pa o les galetes salades.

Després de fer exercici hauríem d'ingerir proteïnes d'alta qualitat. Totes les activitats esportives danyen les cèl·lules musculars, i com més intens sigui l'exercici, més danys ocasionaran. Les proteïnes adequades ajuden les cèl·lules a reparar-se.

Una hora i mitja o dues després d'acabar l'exercici és molt recomanable prendre begudes riques en proteïnes (si és en pols, millor) així com combinar un got de llet o un iogurt.

Per a mantenir o incrementar la massa muscular necessites entre 1,25 i 1,50 grams de proteïna per quilo de pes (1,25 g/kg per a esports amb pilota i 1,50 g/kg per la musculació, maratons...).

6. La cafeïna i el rendiment

La cafeïna té efectes positius, com estimular el sistema nerviós, augmentar l'atenció, l'alerta i l'habilitat mental.

El consum de cafeïna també té efectes negatius, com provocar ansietat en algunes persones, desordres gastrointestinals, nerviosisme, irritabilitat, insomni i incapacitat per a concentrar-se. L'ús de la cafeïna en els esportistes ha provocat molta controvèrsia, ja que els efectes negatius poden alterar-ne el rendiment. Alguns estudis mostren que el consum de cafeïna abans de l'exercici, pot augmentar el rendiment de l'esportista, però uns altres estudis mostren que la cafeïna no beneficia gens els atletes. A causa d'aquests estudis, hi ha moltes teories subjectes a discussió.

Convé tenir en compte els consells següents si es vol consumir cafeïna abans de l'exercici:

– La cafeïna és un diürètic que produeix un desequilibri hídric. Cal beure més líquids per a compensar les pèrdues.

– Un consum de 3-6 mil·ligrams de cafeïna per quilogram de pes corporal una hora abans de l'exercici pot millorar la resistència en activitats que duren més d'una hora.

– Consumir dosis de cafeïna més grans de 6 mil·ligrams per quilogram de pes corporal pot produir els efectes negatius que hem esmentat.

No s'ha de provar mai el consum de cafeïna per primera vegada abans d'una competició. Els efectes psicològics varien segons la persona i la dosi, i depenen de la freqüència amb què s'ingereixi, dels nivells d'ansietat de cada individu i de la composició corporal.

La cafeïna està totalment contraindicada en les persones amb cistitis i en les que pateixen malalties del cor.

CAPÍTOL 12

Hidratació de l'esportista

Índex

1. Introducció

L'aigua és el component principal del cos, en la proporció d'un 60-70%. La qualitat dels teixits, el seu funcionament i la seva resistència a malalties depenen de la qualitat i quantitat de l'aigua que es beu. Hi ha molts òrgans humans que estan compostos d'aigua:

- els ossos tenen un 25% d'aigua,

- els músculs un 75%,

- el cervell un 76%,

- la sang un 82%,

- els pulmons un 90%...

Això demostra que el primer i el més essencial nutrient és l'**aigua**. Simple i ordinària.

Excepte que, i és una gran excepció, aquesta aigua ha de ser neta, pura i lliure de contaminants. Al nostre món modern, la millor opció d'aigua pura i neta és l'aigua destil·lada mitjançant vapor. El cos està compost de gairebé 75% d'aigua, i necessitem almenys 8-10 gots d'aigua per dia per a recuperar l'aigua perduda a través de l'excreció i la transpiració. La sang es coneix com el líquid de la vida. L'aigua també es coneix com el líquid de la vida. L'aigua pura constitueix la puresa i la salubritat de la sang.

No hi ha dubte que el que un esportista menja i beu pot afectar la seva salut, el pes, la composició corporal, la disponibilitat de substrats durant l'exercici, el temps de recuperació després de l'exercici i, finalment, la realització de l'exercici mateix.

L'esportista que vol optimitzar els resultats necessita seguir una bona nutrició i hidratació, usar suplements i ajudes ergogèniques amb cura, minimitzar les grans pèrdues de pes, i també menjar quantitats adequades d'aliments diversos. Aquest treball se centra en l'anàlisi d'un d'aquests aspectes que pretenen millorar el rendiment dels nostres esportistes: **la hidratació.**

Com que aquesta revisió tracta sobre la hidratació, és inevitable començar parlant de l'aigua, el component més abundant de l'organisme humà (aproximadament un 65% del nostre cos és aigua), i per aquest motiu es considera l'ésser humà, igual que qualsevol altre organisme viu, com una solució aquosa continguda dins de la seva pròpia superfície corporal, o mar intern comunicat per multitud de fluids aquosos.

L'aigua corporal conté, en solució, electròlits i altres soluts. Forma el líquid extracel·lular amb el sodi com a electròlit de concentració més alta, i l'intracel·lular amb el potassi com a electròlit més concentrat.

L'aigua és un nutrient no energètic però fonamental perquè el nostre organisme es mantingui correctament estructurat i en perfecte funcionament. Les diferències en l'aigua corporal total entre diferents individus es deuen en gran part a les variacions en la seva composició corporal, és a dir, es produeixen per diferències en la relació que hi ha entre teixit gras i teixit magre.

El múscul és aigua en un 75% del pes, mentre que l'aigua suposa solament un 20-25% del pes del greix. Així, resulta fàcil comprendre que els factors més importants, pel que fa a la influència del contingut d'aigua corporal, són el sexe, l'edat i el pes.

De la mateixa manera que l'aigua és essencial per a l'organisme, el manteniment de l'**equilibri hídric** és fonamental per a qualsevol ésser humà. Qualsevol desequilibri hídric pot afectar negativament el rendiment físic i atemptar contra la salut de l'organisme.

El consum o ingesta hídrica procedeix principalment de tres fonts: begudes, aliments i l'aigua metabòlica que resulta de les reaccions químiques que ocorren en el nostre organisme. Mitjançant el control del pes corporal abans i després de l'exercici, podem intuir quin ha estat el grau de deshidratació del subjecte.

2. Begudes isotòniques per a una correcta hidratació

La base fonamental de les begudes de reposició consisteix en la presència de carbohidrats, vitamines i minerals dissolts en l'aigua.

Actualment hi ha diferents menes de begudes recuperadores de caràcter comercial, però totes estan constituïdes per les característiques que acabem d'exposar.

3. Com podem suplir aquestes begudes comercials a la base?

Tot seguit s'exposen algunes maneres per a elaborar-ne:

– Es pot utilitzar un sobre de sals d'hidratació oral en un litre d'aigua o suc de fruita natural.

– A un litre d'aigua o suc natural, s'hi agreguen 20 grams de fosfat de glucosa, 3,5 grams de clorur de sodi (sal comuna), 2,5 grams de bicarbonat de sodi, 1,5 grams de potassi, i hi podem incloure una tauleta de polivitamines i minerals.

– A un litre d'aigua o suc de fruites, s'hi agreguen 20 grams de glucosa, 0,3 grams de vitamina C, 2 grams de fosfat àcid de sodi, 2 grams de clorur de sodi i 2 grams de magnesi i de potassi, i hi podem incloure 20 mil·ligrams de vitamina C i 0,3 grams de vitamina B1.

Dins d'aquests paràmetres, l'entrenador o l'atleta pot elaborar diferents begudes per a hidratar-se. És important destacar que restitueixen la pèrdua d'aigua i d'electròlits, i que produeixen la reposició calòrica amb els carbohidrats.

4. Quan ingerir aquests líquids?

Convé prendre líquids (o continuar prenent-ne durant l'activitat, entre 150 i 200 mil·lilitres cada 15 o 20 minuts d'exercici) i després d'acabar l'activitat segons la intensitat i durada que ha tingut. La mesura podria estar en la recuperació gairebé completa del pes corporal, menys 250 grams, i en la recuperació fisiològica. És important que la ingestió es faci a petits xarrups, perquè així accelerem el buidatge gàstric.

5. Com hidratar-se

– **Abans de l'exercici.** Prendre mig litre de líquid abans d'anar a dormir la nit abans de la competició, i almenys un ½ litre més quan ens alcem al matí per a garantir l'equilibri de líquids en el cos. Posteriorment cal beure de ½ litre a 1 litre aproximadament 1 hora abans de l'esdeveniment i de ¼ a ½ litre 20 minuts abans.

– **Durant l'exercici.** Els atletes han de començar a prendre líquids abans de l'exercici i en intervals regulars durant l'exercici, per a reemplaçar tota l'aigua que es perd per la suor, i l'ideal és fer-ho entre 1 i 2 gots cada 15 o 20 minuts (o en cada estació durant la carrera).

Es recomana que els líquids estiguin més freds que la temperatura ambient (entre 15-22 °C) i que tinguin bon sabor per a incrementar les ganes de beure i promoure que el reemplaçament de líquids sigui suficient.

– **Després de l'exercici.** L'ideal és prendre líquids rics en sucres (sobretot en glucosa), perquè a més d'ajudar a establir l'equilibri de líquids en el cos, els sucres continguts en el líquid tornen a proveir les reserves de carbohidrats que s'havien perdut ràpidament durant la carrera.

 Sabies que...

En els últims 20 anys nombroses investigacions han reflectit els efectes beneficiosos de la nutrició mentre es fa exercici físic.

6. Què passa si una persona s'hidrata?

– Manté el volum de líquids i electròlits en equilibri.

– Retarda la fatiga.

– Té un rendiment òptim.

– Evita símptomes com les enrampades, marejos, enrogiment de la pell i nàusees, entre d'altres.

7. Què passa si no s'hidrata?

– Es deshidratarà i la seva sang es farà cada vegada més espessa, i li serà més difícil transportar oxigen i glucosa a les cèl·lules.

– El seu cos se sobreescalfarà i suarà en excés per a provar d'abaixar la temperatura corporal.

- Es cansarà aviat.

- Tindrà enrampades, marejos, visió borrosa, nàusees i falta de coordinació.

8. L'aigua a l'organisme

Les funcions més importants de l'organisme que l'aigua ajuda a dur a terme són:

- La respiració.

- La digestió.

- La regulació de la temperatura del cos.

- A la sang, és essencial per a transportar nutrients com l'oxigen i les sals minerals.

- Ajuda a mantenir l'equilibri i la pressió sanguínia.

- Regula l'acidesa estomacal.

- Manté el metabolisme.

- Ajuda a regular totes les reaccions del cos.

L'aigua és fonamental per a equilibrar les reaccions enzimàtiques. L'aigua ha de contenir sodi, potassi i clor, perquè el ronyó no l'elimini del tot mitjançant l'orina. El sodi, que es troba en l'aigua, és el solut més important per al balanç hidroelectrolític del cos, fonamental per a mantenir l'organisme en un perfecte equilibri.

Els especialistes recomanen consumir dos litres i mig d'aigua cada dia, sobretot a l'estiu, quan es perd un alt percentatge d'aigua en la transpiració. Això és, aproximadament 1,5 ml per quilo de pes corporal al dia. El cos elimina diàriament dos litres i mig d'aigua per mitjà de la respiració, transpiració, orina i femta. Alhora, necessita suplir aquesta pèrdua obtenint aigua de la manera tradicional, per mitjà dels aliments o del mateix organisme, de la manera següent:

Entrada/ Sortida:

- Aigua per la boca: 1,3 litres. Orina: 1,5 litres.

- Líquid en aliments: 1 litre. Femta: 200 ml.

- Oxidació del metabolisme intern: 300 ml. Respiració: 300 ml.

- Transpiració: 600 ml.

Total: 2,6 litres. Total: 2,6 litres.

L'aigua, a més, tonifica l'organisme i és especialment beneficiosa per als esportistes. Així mateix, ajuda el cos a utilitzar els dipòsits de greix per a convertir-los en energia i per a eliminar-los mitjançant l'orina.

Quant a l'efecte estètic, l'aigua ajuda a hidratar la pell i els músculs. Així, un cos ben hidratat i tonificat per l'aigua es reflecteix en una pell tersa i en un teixit muscular més ferm i elàstic.

9. Component essencial

El total de líquid que compon el cos està distribuït de la manera següent:

- Cèl·lules: 55%.

- Líquid intersticial (envolta les cèl·lules): 20%.

- Teixit conjuntiu, pell i músculs: 7,5%.

- Plasma: 7%.

- Líquid transcel·lular: 2,5%.

- Uns altres: 8%.

Una persona pot passar prop de cinc setmanes sense rebre proteïnes, carbohidrats i greixos, però no pot sobreviure més de cinc dies sense beure aigua.

10. Resum

És fonamental **mantenir la hidratació abans, durant i després** de la pràctica d'**exercici físic**. És extremadament important per a regular la temperatura, la funció cardiovascular i el rendiment físic. Perquè el nostre organisme funcioni correctament, és essencial mantenir-lo amb la proporció d'aigua que li correspon. Les **necessitats d'aigua** varien en funció de l'edat i el pes. Se suposa que, de mitjana, requereix 1 ml/kcal; és a dir, entre **2 i 2,5 litres d'aigua al dia**.

Aquestes necessitats poden incrementar-se amb l'exercici físic. **La temperatura corporal augmenta i el cos necessita refrigerar-se**, i com que ho fa incrementant la secreció de suor, en conseqüència es perd aigua corporal. Si no es fa res per a compensar aquesta pèrdua, el cos s'anirà deshidratant de mica en mica a mesura que avança l'exercici.

Sudoració deguda a l'exercici físic

Si esperem a tenir set per a començar a beure, haurem perdut aproximadament el 2% del pes corporal en aigua, que es tradueix en una disminució del 20% del rendiment esportiu. Si l'exercici es du a terme, a més, en unes condicions adverses de calor i/o humitat, les pèrdues de líquid corporal s'incrementen.

Els primers **símptomes de deshidratació** que poden aparèixer són: fatiga, marejos i disminució del rendiment.

L'objectiu de la reposició de líquids és que tant la circulació com la sudoració es mantinguin en nivells òptims, de manera que es garanteixi un rendiment esportiu òptim sense problemes de salut. La millor manera d'hidratar-se és beure a poc a poc a intervals regulars, per a poder reemplaçar tota l'aigua que es perd a través de la suor. Per tant, és important no solament beure abans i després de l'exercici físic, sinó també durant l'exercici. Mentre es fa exercici podem beure aigua o bé una beguda isotònica.

Tanmateix, com passa amb tot, excedir-se en la hidratació tampoc és convenient per risc de patir hiponatrèmia, un trastorn que es produeix quan les concentracions de sodi en sang baixen de manera anormal i el sistema nerviós no pot funcionar correctament.

CAPÍTOL 13

Lesions esportives: com evitar-les

1. Introducció

La **lesió esportiva** es defineix com un accident traumàtic o un estat patològic produït a conseqüència de la pràctica de qualsevol esport.

2. Tipus

- **Agudes**: produïdes sobtadament per un fet traumàtic.
- **Cròniques**: tenen un inici lent i sense símptomes aparents, però s'agreugen progressivament.

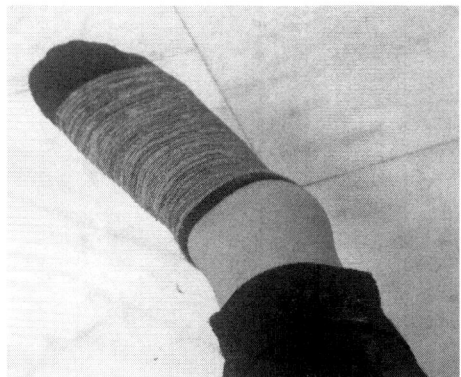

Lesió aguda: esquinç de turmell

3. Causes de les lesions esportives

Les principals causes són:

- Falta de coneixements bàsics de l'esport.
- Falta d'entrenament físic, tècnic, tàctic i psíquic.
- Descompensació corporal.
- Domini escàs de la tècnica.
- No ser conscient de les pròpies limitacions.
- Deshidratació.

- Mala higiene (per exemple, les càries poden derivar en trencaments fibril·lars).
- Excessiva fatiga o sobreentrenament.
- Alimentació incorrecta.
- Escalfament nul, escàs o mal fet.
- Retorn a la pràctica d'un esportista que no s'ha recuperat totalment d'una lesió.

4. Fases de la lesió esportiva

Els programes de rehabilitació d'una lesió esportiva s'han de basar en la següent estructura del procés de curació.

4.1. Fase inflamatòria aguda

Es caracteritza per un enrogiment de la zona lesionada, calor, tumefacció, inflor i dolor. De vegades hi pot haver impotència funcional.

S'ha d'aïllar de la resta del cos la zona danyada perquè els glòbuls blancs reparin les cèl·lules lesionades.

4.2. Fase inflamatòria crònica

El procés d'inflamació aguda no elimina l'agent causant de la lesió i s'hi impliquen reparadors més eficaços.

4.3. Fase de curació, cicatrització o reparació

Durada: 2-6 setmanes.

En aquesta fase, l'esportista encara pot mostrar sensibilitat al tacte i es queixa quan ha de mobilitzar l'estructura lesionada. A mesura que el procés de cicatrització avança, el dolor va desapareixent.

4.4. Fase de maduració

És la fase que dura més. Es produeix una reorganització de les fibres de col·lagen que formen el teixit de cicatrització, i es formen unes línies paral·leles a les línies de tensió del teixit. Per això és important fer una mica d'esforç amb què produir un augment de la força mitjançant exercicis de rehabilitació.

Per norma general, a la tercera setmana s'ha format una cicatriu forta i resistent. Tanmateix, perquè la lesió es curi del tot poden passar uns quants anys.

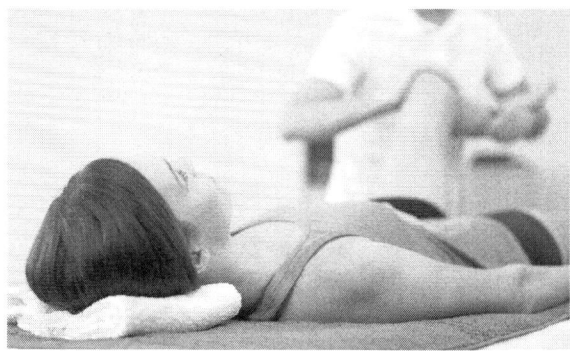

5. Factors que influeixen en la curació

Fonamentalment són els següents:

- Extensió de la lesió.
- Edema.
- Hemorràgia.

- Subministrament vascular deficient.

- Infecció.

- Salut, edat i nutrició.

6. Prevenció de la lesió esportiva

6.1. Consideracions sobre l'entorn

Per a prevenir lesions esportives, convé tenir en compte els aspectes sobre l'entorn següents:

- **Instal·lacions esportives**: tipus de superfície. Per exemple, hi ha terrenys més reactius i que no absorbeixen els impactes que es produeixen quan es corre o se salta.

- **Material esportiu**: regulació del selló de la bicicleta, ús de protectors, revestiment de materials…

- **Calçat**: és la part més important de la vestimenta perquè durant l'exercici s'exerceix una força que és unes quantes vegades més gran que el pes corporal i que és absorbida pel calçat, el peu i la cama. Per tant, el calçat (i fins i tot la plantilla) eviten lesions per sobrecàrrega. Cal parar una atenció especial als esportistes amb alguna anomalia en la trepitjada (peu pla, peu buit, pronador, supinador...). Un estudi de la trepitjada i una bona plantilla poden prevenir moltes lesions com la periostitis, tendinitis, fasciïtis plantar, etc.

6.2. Consideracions sobre l'esportista

L'opositor ha de tenir en compte aquests aspectes per a evitar les lesions en els entrenaments:

– **Preparació física**: dinàmica de càrregues (intensitat, volum i freqüència), periodització en 3 estadis.

– **Nutrició**: aprofitament de recursos energètics, amb la conseqüent recuperació més ràpida i eficient.

– **Escalfament**: progressiu, individual, específic i direccional.

– **Estiraments**: els objectius són reduir la tensió muscular que genera l'esport, augmentar l'extensió dels moviments, relaxar després de l'esforç, prevenir estirades musculars i facilitar l'oxigenació del múscul perquè es recuperi més bé.

6.3. Reconeixement mèdic previ

El reconeixement previ és molt útil per a:

– Detectar malalties que puguin limitar la participació.

– Detectar malalties que puguin predisposar a sofrir una lesió.

– Habilitar els requisits legals i d'assegurança.

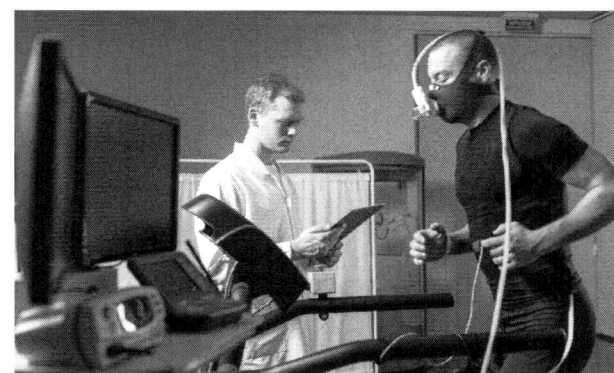

6.4. Psicologia de la lesió esportiva

La **reacció a la lesió** en els esportistes sol seguir 5 fases:

1. Negació.

2. Còlera.

3. Negociació.

4. Depressió.

5. Acceptació i reorganització.

Són signes d'una **mala adaptació** a la lesió:

– Sentiments de fúria i confusió.

– Obsessió amb el moment en què es podrà tornar a competir.

– Negació (treure importància a la lesió).

– Retorn a l'activitat massa aviat, amb el risc conseqüent de recaigudes.

– Ostentació exagerada de les fites durant la rehabilitació.

– Insistència a queixar-se sobre qüestions físiques sense importància.

– Culpa per haver defraudat l'equip.

– Allunyament de persones significatives.

– Canvis sobtats en l'estat d'ànim.

– Afirmacions que no es recuperarà mai.

CAPÍTOL 14

Planificació del calendari d'entrenaments

1. Introducció

No hi ha un temps ideal per a preparar-se les proves físiques. El temps adequat depèn de l'estat de la forma física inicial de l'opositor.

Cal partir d'una planificació anual, com la d'un curs lectiu: 10 mesos. És prou temps, fins i tot per a opositors amb un nivell molt baix. **El més important és la dedicació, l'esforç i la constància**.

Tanmateix, es pot adaptar si no es disposa de tant de temps. La durada total pot variar, així com la dels **quatre períodes** que ha de tenir necessàriament (i que explicarem en un apartat posterior).

2. Planificació 10 mesos abans de les proves físiques oficials

Proposo el següent:

- Un període preparatori general: 4 mesos (des del primer mes fins al quart).

- Un període preparatori específic: 2 mesos (des del cinquè mes fins al sisè).

- Un període competitiu general: 2 mesos (des del setè mes fins al vuitè).

- Un període competitiu específic: 2 mesos (des del novè mes fins al dècim).

En aquests períodes es veu com els paràmetres de la càrrega (volum i intensitat) varien al llarg del temps que falta fins al dia de les proves oficials. L'usuari no necessita calcular res. Els gràfics són només explicatius, això ja va inclòs en els programes d'entrenament d'aquest llibre.

D'aquesta manera, l'opositor aconseguirà el pic màxim de forma física el dia de les proves, amb la finalitat de superar l'examen amb èxit .

Per a analitzar correctament els gràfics següents, es recomana tornar a llegir les definicions de càrrega, intensitat i volum.

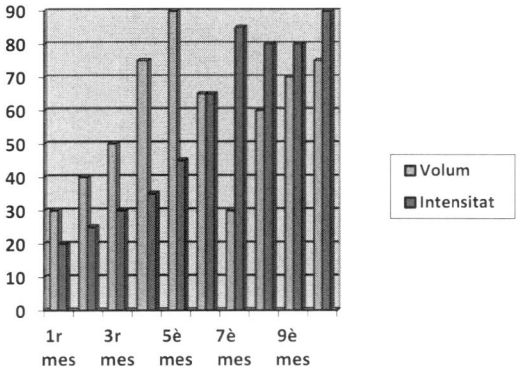

Planificació per a 10 mesos

Els opositors que no disposin d'aquests 10 mesos poden seguir les planifica-cions següents.

3. Planificació 9 mesos abans de les proves físiques oficials

És la següent:

– Un període preparatori general: 3 mesos (des del primer mes fins al tercer).

– Un període preparatori específic: 2 mesos (el quart i cinquè mes).

– Un període competitiu general: 2 mesos (el sisè i setè mes).

– Un període competitiu específic: 2 mesos (el vuitè i novè mes).

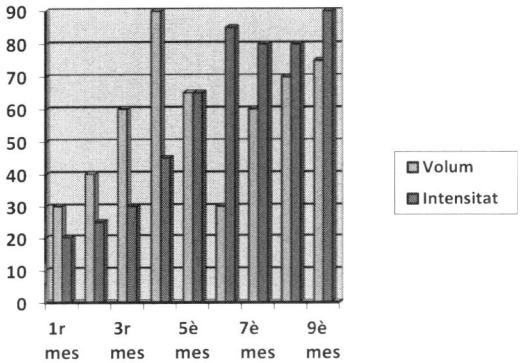

Planificació per a 9 mesos

4. Planificació 8 mesos abans de les proves físiques oficials

Els temps s'han de distribuir d'aquesta manera:

- – Un període preparatori general: 3 mesos (des del primer mes fins al tercer).
- – Un període preparatori específic: 1 mes (el quart mes).
- – Un període competitiu general: 2 mesos (el cinquè i sisè mes).
- – Un període competitiu específic: 2 mesos (el setè i vuitè mes).

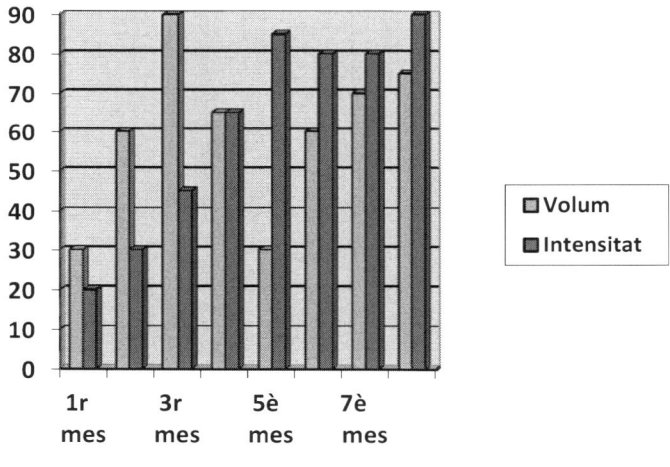

Planificació per a 8 mesos

5. Planificació 7 mesos abans de les proves físiques oficials

És la següent:

- – Un període preparatori general: 3 mesos (des del primer mes fins al tercer).
- – Un període preparatori específic: 1 mes (el quart mes).
- – Un període competitiu general: 2 mesos (el cinquè i sisè mes).

- Un període competitiu específic: 1 mes (el setè mes).

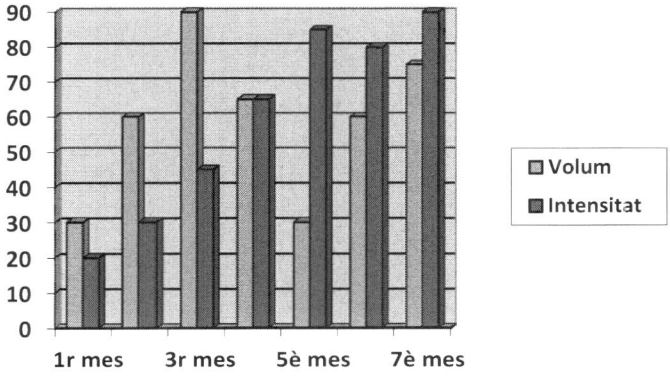

Planificació per a 7 mesos

6. Planificació 6 mesos abans de les proves físiques oficials

Ha de tenir la seqüència següent:

- Un període preparatori general: 2 mesos (el primer i segon mes).
- Un període preparatori específic: 1 mes (el tercer mes).
- Un període competitiu general: 2 mesos (el quart i cinquè mes).
- Un període competitiu específic: 1 mes (el sisè mes).

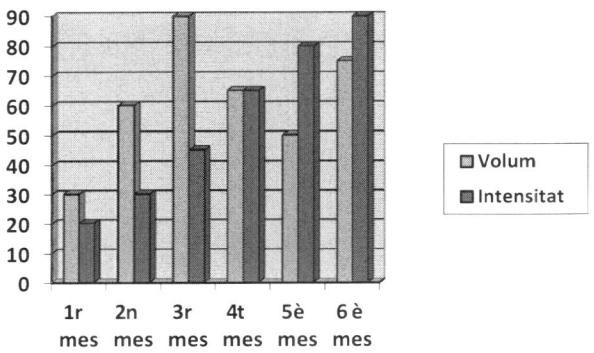

Planificació per a 6 mesos

7. Planificació 5 mesos abans de les proves físiques oficials

Els temps s'han de distribuir d'aquesta manera:

– Un període preparatori general: 2 mesos (el primer i segon mes).

– Un període preparatori específic: 1 mes (el tercer mes).

– Un període competitiu general: 1 mes (el quart mes).

– Un període competitiu específic: 1 mes (el cinquè mes).

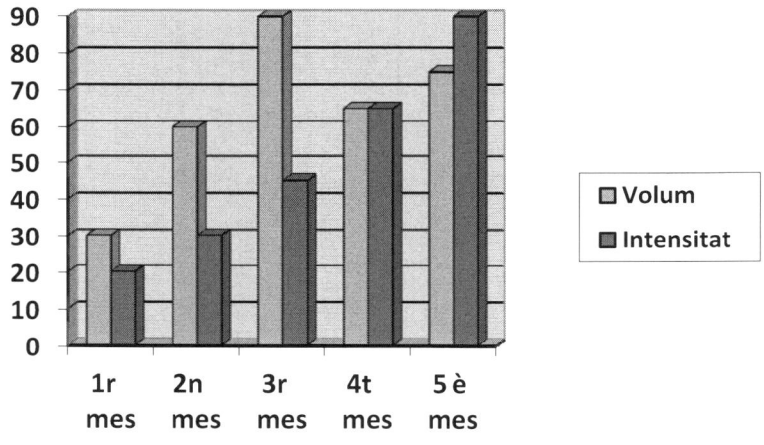

Planificació per a 5 mesos

8. Planificació 4 mesos abans de les proves físiques oficials

Els temps s'han de distribuir així:

– Un període preparatori general: 1 mes (el primer mes).

– Un període preparatori específic: 1 mes (el segon mes).

– Un període competitiu general: 1 mes (el tercer mes).

– Un període competitiu específic: 1 mes (el quart mes).

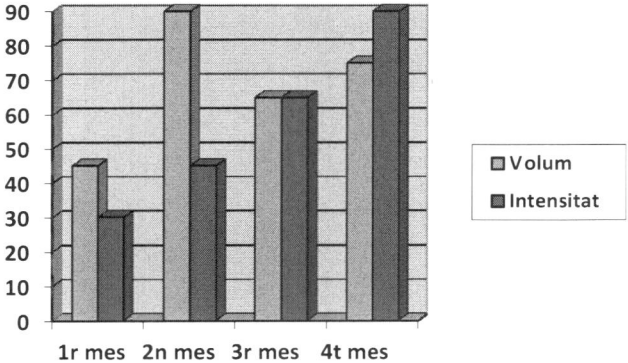

Planificació per a 4 mesos

9. Planificació 3 mesos abans de les proves físiques oficials

Ha de ser la següent:

– Un període preparatori general: 1 mes (el primer mes).

– Un període preparatori específic: 1 mes (el segon mes).

– Un període competitiu general: 2 setmanes (el segon mes i mig).

– Un període competitiu específic: 2 setmanes (el tercer mes).

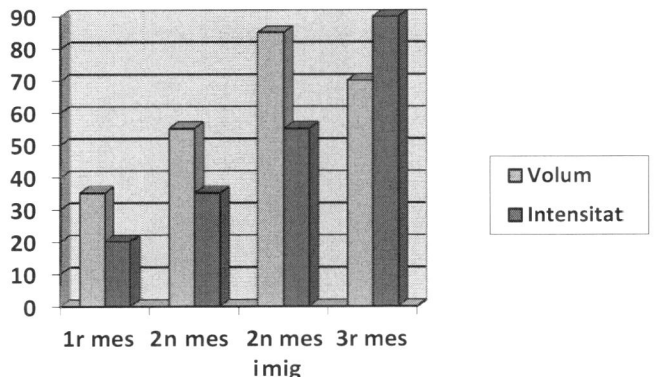

Planificació per a 3 mesos

10. Planificació 2 mesos abans de les proves físiques oficials

Els temps s'han de distribuir d'aquesta manera:

- Un període preparatori general: 2 setmanes (les primeres dues setmanes).

- Un període preparatori específic: 2 setmanes (el primer mes).

- Un període competitiu general: 2 setmanes (el primer mes i mig).

- Un període competitiu específic: 2 setmanes (el segon mes).

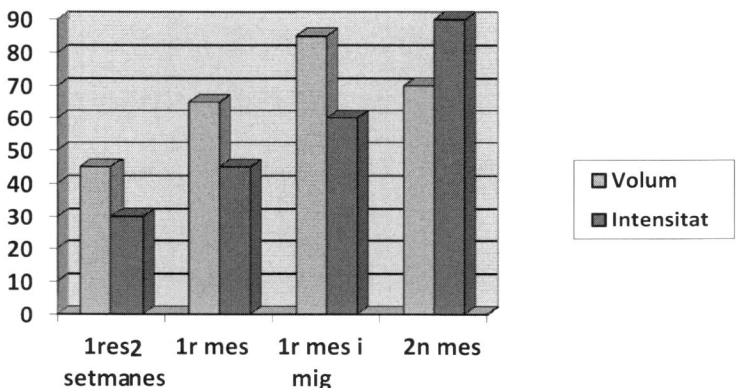

Planificació per a 2 mesos

Per a preparar les proves físiques amb menys de dos mesos de temps es recomana l'ajuda d'un professional, bé presencial o bé a distància.

CAPÍTOL 15

Consideracions dels programes d'entrenament

Índex

1. Introducció

Cal tenir en compte una sèrie d'aspectes a l'hora d'entrenar per a millorar les tres proves físiques de l'oposició.

Els programes d'entrenament estaran classificats i dividits segons la prova que es vol millorar.

La **prova del circuit d'agilitat** és la que ha de preocupar menys l'opositor, ja que, amb diferència, és la que es millora més de pressa. S'ha d'entrenar de manera general, fent tot el recorregut de forma seguida. També s'ha de practicar per parts, buscant el perfeccionament de cada gir, salt, etc. En els primers programes s'ha de practicar menys vegades i, a mesura que es vagi acostant la data de les proves, s'ha d'augmentar el nombre de pràctiques.

Circuit d'agilitat

La **prova de pressió sobre banc** necessita dedicació, perquè es triga temps a fer augmentar la força. Com que és un nombre alt de repeticions (de 6 a 25 en el cas de les dones i de 20 a 37 en el dels homes), es necessita una certa resistència per a poder arribar a les últimes repeticions amb bona tècnica. És important fer les repeticions de manera estricta amb la finalitat d'aconseguir que l'examinador les compti totes.

Un exercici per a millorar la pressió sobre banc són les flexions de braç a terra, també conegudes com a "planxes" o "push-ups". Ajuden a guanyar força en el pectoral, tríceps i deltoide anterior, que són els principals músculs implicats en l'exercici de pressió sobre banc.

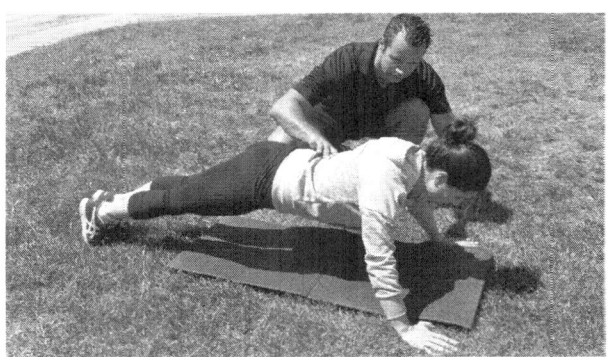

Exercici de força extensora de braços

Per a **preparar la pressió sobre banc**, hi haurà un entrenament de musculació, ja sigui amb càrregues externes (pesos) o internes (el propi pes corporal). Als candidats que no tinguin prou forçar per a fer les repeticions amb el pes exigit (40 kg per a homes i 25 kg per a dones), se'ls aconsella col·locar menys pes perquè puguin dur a terme les repeticions que s'indiquen en cada exercici.

Es faran observacions amb característiques diferents (sèries, repeticions, descansos, etc.). Quan es parli de repeticions al màxim, cal tenir en compte que no s'ha de descurar la tècnica en les últimes flexions (peus recolzats a terra, flexió de braços de manera que la barra toqui el pit, extensió de braços completa, no fer moviments compensatoris, etc.).

D'altra banda, per a **preparar la prova de cursa de llançadora (course navette)**, hi haurà exercicis de tècnica de carrera, entrenaments aeròbics i anaeròbics, amb carreres de diferents classes (distàncies, pulsacions requerides, inclinacions del terreny, amb recuperacions completes o incompletes, etc.).

Exercici de tècnica de carrera

Carrera de resistència

2. Distribució setmanal dels entrenaments

Els programes d'entrenament estan dissenyats per a exercitar-se de 3 a 6 dies per setmana. La distribució de dies al llarg de la setmana la determina la disponibilitat de l'opositor.

Hi haurà un total de sis entrenaments setmanals:

– Tres entrenaments setmanals de musculació.

– I tres entrenaments més de circuit i carrera.

L'ideal és que entre cada entrenament del mateix tipus es faci en dies alterns. Això es pot distribuir de diverses maneres:

– **Exemple 1**:

  * Dilluns, dimecres i divendres: musculació (1 hora de durada, aproximadament).

  * Dimarts, dijous i dissabte: entrenament de circuit i carrera (1 hora de durada, aproximadament).

– **Exemple 2**:

  * Dilluns, dimecres i divendres: entrenament de circuit i carrera (1 hora de durada, aproximadament).

  * Dimarts, dijous i dissabte: musculació (1 hora de durada, aproximadament).

- **Exemple 3:**

  * Dilluns, dimecres i divendres: musculació a primera hora del dia i entrenament de circuit i carrera a última hora del dia (1 hora de durada el primer entrenament i 1 hora el segon, aproximadament). També es pot fer del revés.

- **Exemple 4:**

  * Dimarts, dijous i dissabte: musculació a primera hora del dia i entrenament de circuit i carrera a última hora del dia (1 hora de durada el primer entrenament i 1 hora el segon, aproximadament). També es pot fer del revés.

- **Exemple 5:**

  * Dilluns, dimecres i divendres: circuit, musculació i carrera (2 hores de durada seguides, aproximadament).

- **Exemple 6:**

  * Dimarts, dijous i dissabte: circuit, musculació i carrera (2 hores de durada seguides, aproximadament).

Se'n podrien posar més exemples, però ja es veu que **l'important és que hi hagi almenys un dia de separació entre entrenaments del mateix tipus**.

La **distribució més aconsellable** és la dels exemples 1 i 2, ja que permet mantenir el rendiment durant tot l'entrenament atès que, com que es fan 6 dies setmanals, la durada de cadascun és d'1 hora o poc més i, en aquesta estona, els dipòsits de glucogen muscular rendeixen al màxim.

En cas de no disposar de 6 dies setmanals per a entrenar, la **segona opció més recomanable** és fer el que indiquen els exemples 3 i 4, amb el mateix objectiu que l'opositor no estigui 2 hores seguides entrenant i que entre un tipus d'entrenament i l'altre passin almenys 6 hores. Per exemple: primer entrenament del dia a les 7.30 a. m. i segon entrenament del dia a les 18:30 p. m.; o bé, a les 14:00 p. m. i a les 20:00 p. m., respectivament.

Els exemples 5 i 6 van **destinats a opositors que solament disposin de 3 dies a la setmana** per a entrenar i d'una vegada, és a dir, fent tots els tipus d'entrenament seguits. En aquest cas, l'ordre ha de ser: test d'agilitat, exercicis de musculació i, finalment, de carrera.

3. Explicació dels continguts dels entrenaments

Tot seguit es detallen els programes d'entrenament englobats dins del període corresponent. Tal com s'ha dit abans, la durada d'aquests programes depèn del temps que li quedi a l'opositor fins al dia de les proves oficials (des de 2 mesos fins a 10).

Amb la finalitat de personalitzar al màxim cada programa, hi ha unes quantes opcions per a triar entre els opositors:

– Nivells segons la forma física actual obtinguda en el test de cada prova: molt baix, baix, mitjà, alt i molt alt. En funció del nivell que tingui l'usuari, els entrenaments tindran més dificultat o menys. Com s'ha dit abans, cadascú ha de triar l'entrenament que correspongui al seu nivell. Amb la finalitat d'evitar lesions, no se n'ha de triar un de més alt. Així mateix, tampoc se n'ha de triar un de nivell més baix, perquè es podria produir un estancament o regressió.

4. Observacions dels entrenaments del circuit d'agilitat

Cal tenir en compte tres tipus d'entrenament:

– **Entrenament lliure**: consisteix a fer el circuit de manera autònoma, amb l'objectiu simple de memoritzar el recorregut i comprovar quin és el costat més convenient a l'hora de la sortida.

– **Entrenament per parts**: una vegada que es domina el circuit en conjunt, aquest tipus d'entrenament serveix per a perfeccionar cada gir, cada salt, etc.

El recorregut que s'ha de fer consisteix en una sèrie de moviments interactuant amb objectes que hi ha a terra. Partint d'una posició asseguda, a terra, l'aspirant a mosso/a ha d'alçar-se, córrer cap a un matalàs, fer-hi una tombarella cap endavant, anar cap a una tanca i passar-hi per sota, córrer cap a un plint i saltar-lo, anar cap a una altra tanca per a passar-hi per sota, fer una carrera en línia recta i saltar la primera tanca. L'últim recorregut s'ha de fer amb un sac pesat carregat a coll, i consisteix a córrer 10 metres en línia recta, fer un gir de 180° al voltant d'un con i recórrer els 10 metres de tornada fins a la taula on hi havia el sac.

Per a controlar més bé els girs i evitar tocar algun component del circuit, es recomana frenar en cada gir i canviar la direcció amb la cama més allunyada del con.

 Vídeos recomanats

• **Circuit d'agilitat per a mossos/es d'Esquadra**:

https://youtu.be/O7ob9O9DO1I

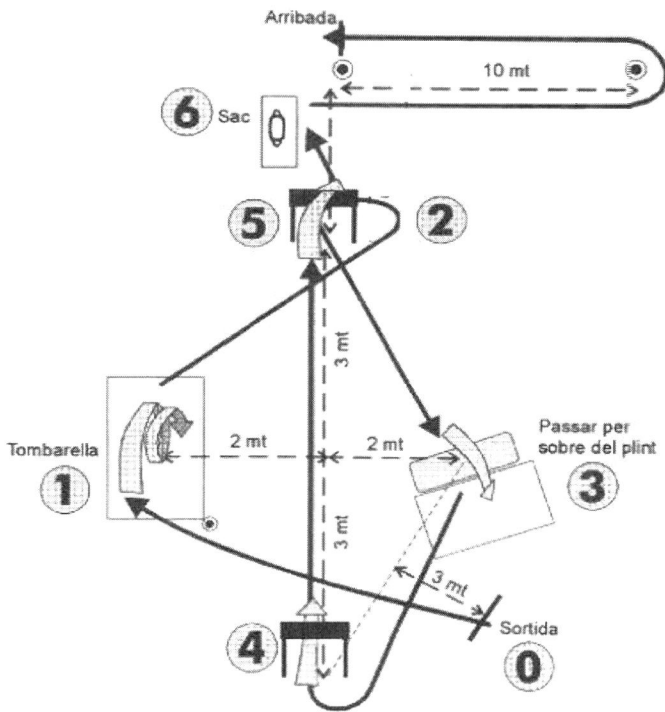

Recorregut circuit d'agilitat

4.1. Observacions

- **Escalfament:** consisteix a fer 10 minuts a ritme mitjà de qualsevol exercici aeròbic (bicicleta, el·líptica, màquina de rem, etc., encara que és preferible que sigui de carrera per a tenir més bona transferència).

  Cal fer mobilitat articular d'espatlles, malucs, genolls i turmells, per a evitar qualsevol lesió.

- **Part principal**: pràctica del circuit, començant de manera suau i fent-ne tot el recorregut. Després, es pot fer l'entrenament lliure, per passos o per parts, ja amb una intensitat més alta.

- **Retorn a la calma**: 5 minuts de carrera suau i estiraments per a relaxar els músculs mantenint la posició de manera estàtica uns 30-40 segons, sense fer rebots i sense que hi hagi dolor muscular, solament molèstia i tensió.

4.2. Maneres de practicar aquesta prova

- – Per lliure, per a determinar el costat més convenient de sortida i per a memoritzar el recorregut.

- – Per parts, per a practicar cadascun dels recorreguts per separat.

- – O lliure total, una vegada es tingui el coneixement dels dos punts anteriors. Es practica sense fixar-se en la tècnica.

4.3. Anàlisi de la tècnica

A) Posició de sortida, carrera fins al matalàs, arribada i tombarella cap endavant

L'opositor ha d'estar assegut darrere de la línia de sortida amb els peus, mans i glutis a terra. L'examinador fa el senyal a l'aspirant perquè comenci, i activa el cronòmetre. És una prova que necessita l'ajuda d'algú altre per a mesurar el temps, ja que cal activar el cronòmetre quan comença el moviment.

Posició de partida

Per a tenir una postura d'acceleració correcta davant l'estímul sonor, s'ha d'esperar al senyal en posició lateral a la línia que formen els dos cons. Una vegada soni el senyal, la postura del cos ha d'estar dirigida cap al matalàs. Una vegada hi arriba, situat entre els dos cons, ha de fer una tombarella cap endavant recolzant totes dues espatlles per igual. Tal com surt a les bases de la convocatòria, s'ha d'evitar fer una tombarella "tipus judo", en què només es recolza una espatlla i part de l'esquena. Una vegada s'ha fet, cal posar-se dret.

Tombarella cap endavant en el matalàs

B) Carrera d'aproximació fins a la primera tanca, gir i pas per sota

Quan l'opositor s'hagi alçat, ha de començar la carrera cap a la primera tanca, i deixar-la a la seva esquerra per a després passar-hi per sota. Després d'haver frenat amb la cama exterior, en aquest cas la dreta, ha de fer una última passa amb l'esquerra que aproximi al mig de la tanca el peu d'aquest mateix costat. D'aquesta manera, es pot flexionar al màxim la cama esquerra i així poder recolzar el pit sobre la cuixa esquerra, ajupint-se bé per a passar la tanca per sota, sense risc de tocar-la i tombar-la. S'han de recolzar les mans a terra, a l'amplària de les espatlles, i estendre la cama dreta cap enrere.

L'altura de la tanca és de 80 centímetres per a les dones i 90 per als homes. És important ajupir-se bé para a no tocar-la.

Arribada a la primera tanca amb la cama de l'exterior

Trepitjada i pivot amb la cama de l'interior, per a ajupir-se

C) Sortida de la primera tanca, carrera d'aproximació fins al plint, arribada i salt

Des de la posició agrupada, sota la tanca, el primer pas correspon a la cama dreta. L'aspirant a mosso/a ha d'accelerar per a poder saltar el plint amb la màxima rapidesa que pugui. Fa un metre d'altura però està permès recolzar-hi les mans al damunt. Per tant, hi ha moltes maneres de superar-lo. L'important és no tombar cap de les dues barres situades en els laterals del plint. Es pot fer un salt com quan es passa una tanca, amb una cama estesa al davant i l'altra flexionada lateralment. O bé es pot sobrepassar el plint recolzant totes dues mans i ajuntant les cames cap al pit, amb la màxima flexió de genolls. Una altra manera de passar per damunt és recolzant una mà i flexionant lateralment les cames.

Salt de plint recolzant-hi dues mans

Salt de plint recolzant-hi una mà

Després del salt, el contacte és sobre un matalàs situat darrere del plint, a terra.

D) Carrera d'aproximació fins a la segona tanca, gir, i pas per sota

Una vegada que l'opositor hagi contactat amb el matalàs situat a terra, ha de començar a córrer cap a la segona tanca. En aquest cas, la cama que ha de flexionar és la dreta, i la que s'estira és l'esquerra. D'aquesta manera, el cos va ben ajupit per a no córrer el risc de tirar la tanca.

Posició agrupada encarant la tanca final

E) Recta entre tanques: carrera d'aproximació i salt

Aprofitant que és una recta, cal accelerar tot el que es pugui després de sortir de la primera tanca. En funció de l'amplitud de la gambada, el recorregut entre tanques es pot fer en tres, quatre o cinc passes. El salt final s'ha de fer amb una sola cama per a no perdre velocitat en la recta.

Últim pas

Salt de l'última tanca: fase d'impuls

Salt de la segona tanca: fase aèria

La distància des de terra fins a la part superior de la tanca és de 80 centímetres per a dones i 90 per a homes. Per a fer progressiu l'aprenentatge del pas per sobre, es pot posar el llistó de la tanca una mica més baix, a uns 55-60 cm. Progressivament, s'ha d'anar pujant fins a deixar-lo a la mesura oficial. En cas de tenir por de saltar-la, es pot utilitzar una corda com a llistó amb un nus molt fluix, de manera que si es toca (perquè no s'ha fet un salt prou alt), la corda cau a terra sense més transcendència.

F) Carrera amb sac llastrat

Una vegada superada la tanca, cal agafar un sac llastrat situat a un metre d'altura, més o menys. Es tracta de córrer 10 metres amb el sac a coll fins a un con, fer un gir de 180° al voltant del con i tornar a córrer els 10 metres cap a on hi havia el sac. En aquest moment, s'atura el cronòmetre.

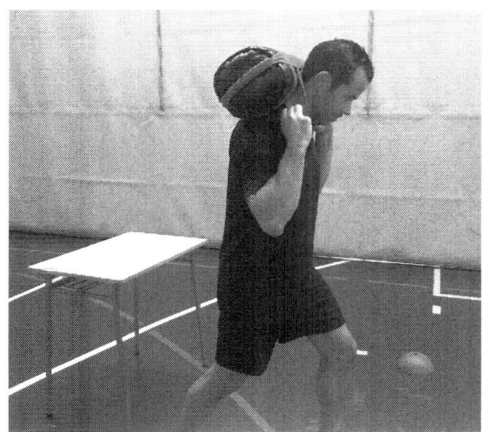

Posició per a transportar el sac   *Gir de 180 ° al voltant del con*

Arribada

En aquesta prova es permet un segon intent i es comptabilitza el millor dels temps que s'han fet.

Recorda que...

Les recomanacions per a dur a terme correctament aquesta prova són les següents:

– Posició de sortida en alerta, esperant el senyal de l'examinador.

– Impulsar-se amb els braços a l'hora d'alçar-se des de la posició inicial.

– Fer la tombarella amb una mica d'impuls i flexionar el tronc per a rodar millor.

– Arribar a cada con amb la cama de l'exterior, per a fer una bona frenada i canvi de direcció.

– Ajupir-se bé per passar la tanca per sota, abaixant els malucs i les espatlles, per mitjà del contacte del pit amb el quàdriceps de la cama més avançada.

– Posar-se sota la tanca i sortir-ne amb un impuls de la cama flexionada.

– Després de sortir de la primera tanca, accelerar per a salvar el plint d'un salt.

– Entre les tanques córrer tan de pressa com es pugui per a agafar impuls i saltar-ne l'última.

– Recolzar bé el sac contra les espatlles i el clatell perquè sigui més còmoda la carrera final.

5. Observacions dels entrenaments de pressió sobre banc

– **Escalfament**: consisteix a practicar 5-10 minuts de qualsevol exercici aeròbic (carrera, bicicleta, el·líptica, etc., encara que és preferible que sigui de màquina de rem perquè té més transferència).

– **Sèries i repeticions**: conjunt de vegades que es duu a terme el moviment d'un exercici. Si un exercici es fa de manera alterna, primer amb un braç i després amb l'altre, cal fer les repeticions marcades amb cadascun dels dos segments.

- **En circuit**: les voltes depenen del nivell que s'ha obtingut en les proves. Per exemple: 10 repeticions de l'exercici 1, 10 de l'exercici 2... així fins a l'últim i es torna a començar, fent el nombre de voltes que correspongui al nivell obtingut en les proves.

- **Velocitat d'execució**: quantitat de moviments per espai de temps. Pot ser lenta, mitjana o ràpida. Les contraccions solen ser isotòniques concèntriques i excèntriques, és a dir, hi ha escurçament i estirament muscular. La fase excèntrica és a favor de la gravetat, però no per això es fa de manera més ràpida i incontrolada sinó que s'ha de mantenir la velocitat.

  Exemple: en les repeticions de l'exercici de pressió sobre banc convé portar una velocitat alta perquè l'esforç duri menys temps, de manera que es redueix l'exposició a la fatiga.

Velocitat alta en la prova de pressió sobre banc

- **Intensitat**: es refereix a la manera com s'arriba a l'última repetició dels exercicis, bé amb pesos o bé amb el propi pes corporal.

  Les repeticions poden ser d'una intensitat baixa (es fan les repeticions marcades, però en realitat se'n podrien fer el doble), mitjana (es podrien fer 5 repeticions més de les marcades), alta (seria possible fer-ne 2 o 3 repeticions més) o molt alta (és el màxim de repeticions possibles, i s'arriba a la fallada muscular). No s'ha d'abusar d'aquesta última classe d'intensitat, ja que la tècnica empitjora bastant en les repeticions forçades.

- **Respiració**: s'ha d'inspirar pel nas durant la fase excèntrica del moviment (estirament del múscul), que és a favor de la gravetat. L'expiració es fa per la boca durant la fase concèntrica (escurçament del múscul), que passa en contra de la gravetat.

Exemple: en les clàssiques flexions o fons a terra, s'inspira quan es baixa cap a terra flexionant els braços (a favor de la gravetat). S'expira quan es puja i s'estenen els braços (en contra de la gravetat).

En cas de l'exercici de pressió sobre banc, es pren aire pel nas en la baixada de la barra, i s'expulsa per la boca en la pujada.

Respiració durant les flexions de tríceps

- **Recuperació**: temps de descans entre cada sèrie.
- **Estiraments**: quan s'acaba l'entrenament, convé relaxar els músculs que s'han treballat fent els estiraments musculars i mantenint la posició de manera estàtica uns 30-40 segons, sense fer rebots i sense que hi hagi dolor muscular, solament molèstia i tensió.

Estirament de bessó

6. Observacions dels entrenaments de la cursa de llançadora

Consideracions:

- **Superfície**: en cas de córrer per l'exterior, per a evitar lesions per sobre-càrrega i impactes repetitius, s'hauria de procurar fer-ho per un terreny tou, de terra o gespa. Els entrenaments per a millorar la carrera tenen una gran quantitat de metres i, per tant, d'impactes contra el sòl.

- **Velocitat**: ha de ser just la necessària per a mantenir la intensitat i durada requerides. És important complir el temps i/o la distància que recomanen els programes, i per això cal controlar el ritme de carrera i no anar massa ràpid. Quan sigui una carrera contínua, l'important és mantenir el ritme i no parar del tot (si cal, es camina de pressa fins a estar recuperat, moment en què cal reprendre la carrera).

- **Durada**: depèn del nivell de cada usuari, i és el resultat de dur a terme el test de les proves físiques. Els opositors de nivell més alt tenen entrenaments més llargs, i viceversa. Cadascú s'ha de fixar en el temps de durada que correspon al seu nivell i no fer-ne cap altre. Si això no es respecta, podria ser causa de lesió per sobreentrenament o minvar-ne el rendiment, segons el cas.

- **Intensitat**: seria recomanable usar un pulsòmetre per a controlar la freqüència cardíaca. Tenint en compte que la freqüència cardíaca màxima es calcula amb la fórmula de FCM = 220 - edat, treballarem amb les intensitats següents, segons el nivell de les proves físiques que fa fet cada opositor:

  * 60% de la FCM (**ritme baix**, que amb prou feines no costi esforç).

    Exemple: persona de 30 anys. FCM = 220 - edat = 190 de pulsacions màximes teòriques per minut. El 60% de 190 és 114 pulsacions/minut.

  * 70% de la FCM (**ritme mitjà**, que permeti parlar sense esforç).

    Ex.: 70% de 190 = 133.

  * 80% de la FCM (**ritme alt**, en què s'entretallin les paraules quan es parla).

    Ex.: 80% de 190 = 152.

  * 90% de la FCM (**ritme molt alt**, que sigui gairebé impossible parlar).

    Ex.: 90% de 190 = 171. Si no coincideix la percepció amb el percentatge d'esforç, l'opositor s'ha de guiar per les sensacions físiques (i no pel valor que marca el pulsòmetre).

– **Recuperació**: temps de descans entre cada sèrie. N'hi ha de dues menes: activa (caminant, per exemple) i passiva (aturat en el lloc). També pot ser segons el temps de recuperació: completa (el descans és llarg i les pulsacions tornen pràcticament a l'estat inicial) i incompleta (el cor no recupera el pols inicial abans de l'esforç següent).

– **Estiraments**: quan acaba l'entrenament, convé relaxar els músculs treballats fent els estiraments musculars, mantenint la posició de manera estàtica uns 30-40 segons, sense fer rebots i sense que hi hagi dolor muscular, solament molèstia i tensió. En carrera es treballen, sobretot, els músculs del tren inferior, i per tant cal estirar bé les cames per a recuperar-se'n bé.

Entrenament de cursa de llançadora

7. Test mensual després d'haver acabat els entrenaments de cada programa

Cada mes s'ha de tornar a fer un test de les proves físiques en les condicions més semblants que es pugui a les del dia oficial. Es recomana fer-ho una vegada al mes, coincidint o no amb la fi de cada programa i abans de començar el següent.

Es poden fer totes les proves el mateix dia. L'ordre que se sol seguir en les oposicions de la categoria de Mosso/a d´Esquadra és el següent:

1. Circuit d'agilitat.

2. Pressió sobre banc.

3. Cursa de llançadora.

El mateix dia de les proves no sol haver-hi gaire temps per a fer escalfaments. Els candidats solen ser cridats en grup i van passant per cadascuna de les proves físiques. La carrera es fa en grup, però el circuit i la pressió sobre banc són individuals.

CAPÍTOL 16

Pautes per a entrenar cada prova

Índex

1. Introducció

Tot seguit es detalla l'ordre en què cal fer els entrenaments, en cas de fer la pràctica de millora de les tres proves físiques en la mateixa sessió d'entrenament.

Com s'ha dit abans, són unes quantes proves físiques per a millorar i es poden entrenar seguides o bé agrupar-les en dos entrenaments: d'una banda, circuit i musculació; de l'altra, carrera.

Seria convenient **separar els dos tipus d'entrenament**. Per exemple: un dia, entrenament de circuit i pressió sobre banc; i un altre dia, entrenament de carrera. Si per disponibilitat no es pot fer d'aquesta manera, una altra opció és practicar-los el mateix dia, però un al matí i l'altre a la tarda.

2. Entrenament de circuit d'agilitat

És un entrenament destinat a **memoritzar el recorregut, aprendre a accelerar i a frenar amb eficàcia, fer la tombarella frontal, esquivar cada con i tanca, saltar el plint i córrer amb el sac a coll, sense risc de tombar res**. Cal millorar la velocitat de reacció, la velocitat de desplaçament, l'acceleració, l'agilitat, la coordinació i la flexibilitat. Amb diferència, és la prova que es millora més de pressa. Per a practicar-la, s'ha de tornar a llegir l'explicació de la tècnica.

El moment ideal per a practicar-lo és just després de l'escalfament, abans de la sessió de musculació. No convé fer més repeticions de les que aconsella la taula següent, ja que es practica tres dies a la setmana i pot ser lesiu perquè té una quantitat important d'acceleracions, canvis de direcció, girs, etc.

PROGRAMA / NIVELL	A	B	C	D	I
Molt baix	2 vegades lliure	2 vegades per passos i 1 vegada per lliure	2 vegades per parts i 2 vegades per passos	2 vegades per parts i 3 vegades lliure	6 vegades lliure
Baix	2 vegades lliure	2 vegades per passos i 2 vegades per lliure	2 vegades per parts i 3 vegades per passos	2 vegades per parts i 4 vegades lliure	7 vegades lliure
Mitjà	3 vegades lliure	2 vegades per passos i 2 vegades per lliure	2 vegades per parts i 3 vegades per passos	2 vegades per parts i 4 vegades lliure	7 vegades lliure

Alt	4 vegades lliure	2 vegades per passos i 3 vegades per lliure	3 vegades per parts i 4 vegades per passos	3 vegades per parts i 4 vegades lliure	8 vegades lliure
Molt alt	4 vegades lliure	2 vegades per passos i 3 vegades per lliure	3 vegades per parts i 3 vegades per passos	3 vegades per parts i 4 vegades lliure	8 vegades lliure

__Relació del nombre de repeticions que cal fer en cadascun dels entrenaments segons el nivell obtingut en el test. Manera de practicar-lo__

Per a mesurar el temps cal una altra persona que activi el cronòmetre quan l'opositor comenci i que l'aturi quan acabi. No és necessari en tctes les repeticions, solament en algunes per a controlar temps.

 Vídeos recomanats

Estiraments del tren inferior:

- **Cama - quàdriceps**:
  http://youtu.be/RwT73-nA7zY
- **Cama - Femoral**:
  http://youtu.be/TPTFDcBfb-I
- **Cama - Psoes**:
  http://youtu.be/ccgF49K67lQ
- **Cama - Gluti**:
  http://youtu.be/ZY36iUpxIdI
- **Cama - Adductor**:
  http://youtu.be/BluyC7WQj2g
- **Cama - Abductor**:
  http://youtu.be/LVYZhUIXjCA
- **Cama - Bessó**:
  http://youtu.be/qLciWStcqmI
- **Cama - Soli**:
  http://youtu.be/1flIpjvmO_g

Una vegada hem acabat un programa, i abans de començar el següent, cal realitzar el test del circuit. Amb el temps obtingut, s'ha de comprovar si ha canviat el nivell en aquesta prova.

En el circuit una importància especial el treball de la flexibilitat mitjançant estiraments, perquè, com indiquen McAtee i Charland, *"ajuden a prevenir lesions, milloren el rendiment, promouen la percepció del propi cos, estimulen el reg sanguini i serveixen per a relaxar-se i centrar-se mentalment"*.

3. Entrenament de pressió sobre banc

Per a millorar aquesta prova cal treballar la força del tren superior. Els exercicis de musculació serveixen per a millorar el resultat d'aquesta prova. S'ha d'alternar l'ús del propi pes corporal i l'ús de càrregues externes com poden ser manuelles, barres o màquines.

El moviment de flexió-extensió de braços es realitza per mitjà de l'articulació del colze i de l'espatlla.

A l'hora de comptar els quilograms que es volen alçar, cal tenir en compte el pes de la barra. Amb una longitud d'entre 1,80 i 2,00 metres, pot pesar des de 12 fins a 20 quilograms (com en el cas d'una barra olímpica). Cal adaptar el pes que es vol aixecar segons el nombre de repeticions que indiqui cada programa.

Examen de pressió sobre banc amb 40 kg (barra olímpica 20 kg i discos 20 kg)

Alguna vegada poden demanar de fer un nombre de repeticions màxim amb un pes determinat a l'avançada. Exemple: 3 sèries al màxim amb 25 kg. Això vol dir que s'han de fer totes les repeticions que es puguin amb aquest pes. Això sí, és important fer-ho amb bona tècnica i no caure en els errors típics de l'eliminació (segons les bases de la convocatòria).

L'aspirant també tindrà exercicis que consisteixen a fer servir el propi cos sense càrregues externes. Les clàssiques planxes o flexions de braç a terra enforteixen els músculs implicats en l'aixecament de la barra de pressió sobre banc. Qui no domini el seu pes corporal ha de fer flexions amb els genolls recolzats a terra. Qui el domini pot fer les repeticions sense recolzar els genolls.

Com més vertical és el pla en què es fan les flexions, més fàcil és fer-les, perquè hi actua menys el pes de la gravetat. Recolzar les mans per sobre del nivell on es recolzen els peus comporta un pes més petit per a alçar.

Flexions amb genolls recolzats: dificultat mitjana

Flexions inclinades: dificultat alta

Si les mans estan per sota del nivell dels peus, l'esforç és més gran perquè implica menys el pectoral i més l'espatlla, i aquest darrer múscul té menys força.

Flexions declinades: dificultat molt alta

PROGRAMA / NIVELL	A	B	C	D	I
Molt baix: 2 voltes	10 sèries	12 sèries	18 sèries	12 sèries	18 sèries
Baix: 3 voltes	15 sèries	18 sèries	27 sèries	18 sèries	27 sèries
Mitjà: 4 voltes	20 sèries	24 sèries	36 sèries	24 sèries	36 sèries
Alt: 5 voltes	25 sèries	30 sèries	45 sèries	30 sèries	45 sèries
Molt alt: 6 voltes	30 sèries	36 sèries	54 sèries	36 sèries	54 sèries

Relació del nombre de voltes i sèries que cal fer en els entrenaments de musculació segons el nivell obtingut en el test de pressió sobre banc

 Vídeos recomanats

Estiraments del tren superior:

- **Pectoral**:
  http://youtu.be/PsCNDK9LdrM
- **Dorsal**:
  http://youtu.be/yzpN70vW2Ps

- **Espatlla**:
  http://youtu.be/DPDFPkpJ2LY

- **Trapezi i coll**:
  http://youtu.be/q2E-cOZ7s3I

- **Bíceps**:
  http://youtu.be/y-ieBQLHIQU

- **Tríceps**:
  http://youtu.be/EV7_9aEoN4w

- **Avantbraç**:
  http://youtu.be/IVoWOK3qm9o

- **Abdominal**:
  http://youtu.be/0edvO1_wcY4

- **Lumbar**:
  http://youtu.be/kh6sJsHOpfY

4. Entrenament de cursa de llançadora

Cal entrenar la resistència aeròbica i anaeròbica, atès que tots dos sistemes d'energia intervenen en una carrera d'aquesta prova.

Els entrenaments estan especificats als programes en si. Cadascun implica un volum i intensitat diferent. Aquesta prova s'entrena tres dies a la setmana. Un dia està destinat a millorar la resistència anaeròbica, la tècnica de carrera i la capacitat d'acceleració. Els altres dos dies serveixen per a entrenaments més aeròbics.

Cal tenir en compte que és una prova en què es necessita una base aeròbica, però amb una bona tècnica de carrera i tolerància a les pulsacions altes. El fet de ser capaç de córrer durant una estona a ritme mitjà, amb pulsacions còmodes (60 - 70% de la freqüència cardíaca màxima), no significa que es pugui dur a terme els períodes exigits. Aquesta és una prova en què les pulsacions poden arribar a un 100% o més de la FCM de l'aspirant.

Corredor entrenant la prova de cursa de llançadora

Per tant, té gran importància l'entrenament del sistema anaeròbic de tipus làctic i alàctic, en el qual hi ha una acumulació d'àcid làctic. S'entrena la tolerància a les pulsacions altes i s'ha de procurar augmentar el llindar anaeròbic (vegeu els conceptes fonamentals, capítol 3).

La tècnica de carrera també s'ha d'entrenar per a millorar l'eficiència dels moviments de desplaçament.

Exercici de freqüència de moviments: genolls amunt

Es recomana córrer a l'aire lliure i no en una cinta o tapís rodant de gimnàs. L'opositor s'ha d'acostumar des de bon començament a haver d'impulsar el cos per a desplaçar-se, i en una cinta això no passa perquè es mou sola.

Exercici de freqüència de moviments: talons enrere

Després d'acabar l'entrenament, es recomana estirar tots els músculs implicats, amb la finalitat de reduir els cruiximents i afavorir la recuperació de cara a l'entrenament següent.

▶ Vídeos recomanats

Córrer a l'aire lliure:

http://youtu.be/IYgn7hGGm64

- **Cama - Quàdriceps**:

  http://youtu.be/RwT73-nA7zY

- **Cama - Femoral**:

  http://youtu.be/TPTFDcBfb-I

- **Cama - Psoes**:

  http://youtu.be/ccgF49K67lQ

- **Cama - Gluti**:

  http://youtu.be/ZY36iUpxIdI

- **Cama - Adductor**:

  http://youtu.be/BluyC7WQj2g

- **Cama - Abductor**:

  http://youtu.be/LVYZhUIXjCA

- **Cama - Bessó**:

  http://youtu.be/qLciWStcqmI

- **Cama - Soli**:

  http://youtu.be/1flIpjvmO_g

CAPÍTOL 17

Explicació i desenvolupament dels períodes d'entrenament

1. Introducció

 Recorda que...

La planificació per a preparar les proves físiques d'accés a mosso/a consta de quatre períodes en què s'engloben diversos programes d'entrenament.

La taula següent comprèn la durada dels programes, i relaciona el temps que queda fins al dia de les proves oficials i el tipus de període.

Temps / Període	10 mesos	9 mesos	8 mesos	7 mesos	6 mesos	5 mesos	4 mesos	3 mesos
Preparatori general	Programa A: 2 mesos Programa B: 2 mesos	Programa A: 2 mesos Programa B: 1 mes	Programa A: 1 mes Programa B: 2 mesos	Programa A: 1 mes Programa B: 2 mesos	Programa A: 1 mes Programa B: 1 mesos	Programa A: 1 mes Programa B: 1 mesos	Programa A: 2 setmanes Programa B: 2 setmanes	Programa A: 2 setmanes Programa B: 2 setmanes
Preparatori específic	Programa C: 2 mesos	Programa C: 2 mesos	Programa C: 1 mes	Programa C: 1 mes	Programa C: 1 mes	Programa C: 1 mes	Programa C: 1 mes	Programa C: 1 mes
Competitiu general	Programa D: 2 mesos	Programa D: 2 mesos	Programa D: 2 mesos	Programa D: 2 mesos	Programa D: 2 mesos	Programa D: 1 mes	Programa D: 1 mes	Programa D: 2 setmanes
Competitiu específic	Programa I: 2 mesos	Programa I: 2 mesos	Programa I: 2 mesos	Programa I: 1 mes	Programa I: 1 mes	Programa I: 1 mes	Programa I: 1 mes	Programa I: 2 setmanes

Durada dels programes en funció del temps que queda fins al dia de les proves

L'opositor ha de completar els **4 períodes amb els seus corresponents 5 programes**, independentment del temps que li quedi fins a la data de l'examen oficial de les proves físiques. Reduir o augmentar la durada de cadascun dels programes provoca que la planificació se'n vegi afectada i que l'opositor no arribi amb un estat òptim de forma física al dia de les proves.

2. Un període preparatori general

És la primera etapa de preparació física, i es comença amb entrenaments generals, treballant les qualitats físiques bàsiques i desenvolupant tots els músculs, tant els implicats en les proves com els que no. És un període necessari per a crear una base aeròbica i muscular i, així, evitar possibles lesions en un futur, quan els entrenaments siguin més específics.

Serveix perquè no hi hagi descompensacions futures en la musculatura. És un error caure en l'especificitat de l'entrenament ja des del principi de la preparació de les proves físiques d'accés. S'ha d'anar del que és més general al que és més específic, amb una estructura i seqüència lògiques. Per a fer-ho, cal anar període a període, sense saltar-ne cap.

Pel que fa al tipus de càrrega, cal destacar que el volum i la intensitat han de ser baixos al principi, però que han d'anar incrementant-se progressivament i fins i tot ha d'arribar a haver-hi una diferència notable a favor del volum.

 Recorda que...

Per entendre correctament la distribució de les càrregues d'entrenament, es recomana tornar a llegir les definicions de càrrega, intensitat i volum en el Capítol 3.

Aquest període preparatori general està compost per dos programes d'entrenament esportiu amb durada variable, segons el temps de què disposi l'opositor fins al dia de les proves.

3. Un període preparatori específic

És la segona etapa de preparació per a les proves físiques. Comença a fer-se una mica més específic l'entrenament, i es busca el protagonisme de les qualitats físiques bàsiques i els músculs principals en cadascuna de les proves, sense desentendre's dels secundaris.

Respecte a la càrrega, es comença a reduir el volum mentre que la intensitat augmenta progressivament.

Aquest període està compost per un únic programa d'entrenament esportiu, amb una durada que depèn del temps de què disposa l'opositor fins al dia de les proves oficials.

4. Un període competitiu general

És la tercera etapa de preparació física. Es comença a buscar el ritme de competició, és a dir, la simulació de les característiques de cada prova.

Quant a la càrrega, els valors del volum segueixen disminuint i els d'intensitat augmenten fins al seu pic màxim.

Aquest període comporta un programa d'entrenament de durada variable segons el temps que queda fins al dia de les proves.

5. Un període competitiu específic

És la quarta i última etapa de preparació. Consisteix en una posada al punt per a arribar amb el màxim nivell possible al dia de les proves físiques oficials. Els exercicis dels entrenaments són totalment específics i busquen simular al detall cadascuna de les proves.

Atenent la càrrega, la intensitat segueix en el seu màxim valor, mentre que el volum torna a augmentar fins a arribar a un valor gairebé tan alt com el de la intensitat.

Està compost per un programa d'entrenament en què la durada depèn del temps de què disposa l'opositor fins al dia de les proves.

CAPÍTOL 18

Període preparatori general: programes A i B

1. Introducció

Cal fer tots els programes (A, B, C, D i E) durant el temps estipulat.

2. Programa A

S'ha de dur a terme durant el temps que indica el Capítol 17, "Explicació i desenvolupament dels períodes d'entrenament", i que va en funció del temps que queda fins al dia de les proves físiques oficials.

2.1. Entrenament de circuit d'agilitat

S'ha de dur a terme tal com s'ha indicat en el Capítol 15, "Consideracions dels programes d'entrenament".

PROGRAMA NIVELL	A
Molt baix	2 vegades lliure
Baix	2 vegades lliure
Mitjà	3 vegades lliure
Alt	4 vegades lliure
Molt alt	4 vegades lliure

Entrenament de circuit, programa A

2.2. Entrenament de pressió sobre banc

En aquesta mena d'entrenament cal tenir en compte les consideracions següents:

– **Repeticions**: 10 de cadascun dels exercicis.

– **En circuit**: les voltes depenen del nivell que s'ha obtingut en les proves. Per exemple: 10 repeticions de l'exercici 1, 10 de l'exercici 2... així fins a l'últim, i llavors es torna a començar fins que es fa el nombre de voltes que correspon al nivell obtingut en les proves.

- **Sèries**: **depèn** del nombre de voltes en què es faci el circuit.

- **Intensitat**: mitjana, de manera que no costi arribar a l'última repetició.

- **Recuperació**: entre exercicis, l'estona que es trigui a desplaçar-se d'un a un altre; entre voltes, és d'1 minut.

- **Velocitat**: moderada, ni ràpida ni lenta.

Pressió vertical

ENTRENAMENT 1	ENTRENAMENT 2	ENTRENAMENT 3
1. Flexions de braç (si cal, recolzar genolls per arribar a les 10 repeticions)	1. Pressió d'espatlles amb manuelles	1. Pressió vertical per a pit
2. Encongiments normals	2. Encongiments normals	2. Encongiments normals
3. Obertures planes amb manuelles	3. Bíceps altern amb gir de manuella	3. Obertures planes amb manuelles
4. Elevacions de pelvis per a abdominal amb cames a 90°	4. Elevacions de pelvis per a abdominal amb cames a 90°	4. Elevacions de pelvis per a abdominal amb cames a 90°
5. Pressió vertical per a pit	5. Extensió tríceps en politja alta	5. Rem en màquina amb agafament estret

Entrenament de pressió sobre banc, programa A

▶ Vídeos recomanats

- **Flexions normals**:
  http://youtu.be/o1uEOySgqeI
- **Flexions amb genolls recolzats**:
  http://youtu.be/cay0sCjaY2s
- **Flexions amb mans recolzades en paret**:
  http://youtu.be/yEshJMmWsiI
- **Pressió amb manuelles**:
  http://youtu.be/etBfeWlG3UI
- **Encongiments normals**:
  http://youtu.be/8kAtiCfSPAM
- **Rem en màquina, amb agafament estret**:
  http://youtu.be/soCIc8IC_fg
- **Rull (*curl*) amb manuelles, gir altern**:
  http://youtu.be/Nq34NX-XbSE
- **Elevació de pelvis**:
  http://youtu.be/MtQQgPfX_LI
- **Obertures planes amb manuelles**:
  http://youtu.be/5mqzrMArDwg
- **Extensió en politja alta amb barra**:
  http://youtu.be/RU_xpIYhPFM

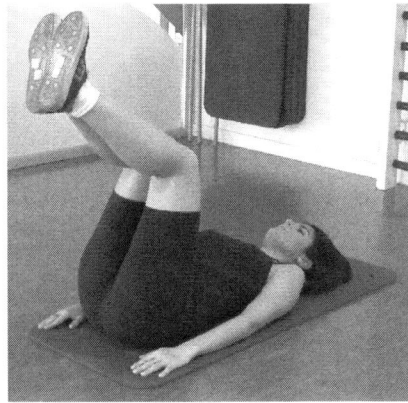

*Abdominals
elevació de
pelvis*

2.3. Entrenament de cursa de llançadora

En aquesta mena d'entrenament les consideracions que cal tenir en compte són:

- Intensitat:

  * **Baixa**, que amb prou feines no costi esforç. 60% de la FCM.

  * **Mitjana**, que permeti parlar sense esforç. 70% de la FCM.

  * **Alta**, que s'entretallin les paraules a l'hora de parlar. 80% de la FCM.

  * **Molt alta**, que sigui gairebé impossible parlar. 90% de la FCM.

  Per exemple: una persona de 30 anys. FCM = 220 - edat = 190 de pulsacions màximes teòriques per minut. El 70% de 190 és 133 pulsacions/minut.

  Les anomenades progressions consisteixen en una carrera de distància curta en què augmenta progressivament la velocitat per a recórrer aquest espai. És a dir, es comença corrent a un ritme baix i va augmentant fins a la intensitat sol·licitada.

  A diferència de la progressió, l'esprint es fa a gran velocitat ja des del principi.

- Recuperació entre progressions i exercicis de tècnica de carrera: el temps que costi tornar caminant al punt de partida.

- Estiraments: en acabar s'han d'estirar les cames i mantenir la posició sense fer rebots, durant 30-40 segons.

ENTRENAMENT	
Nivell molt baix	10 minuts de carrera, intensitat mitjana
	Tècnica de carrera: genolls amunt. 2 sèries de 10 metres
	2 progressions de 20 metres amb sac, i acabar amb una intensitat mitjana
	10 minuts de carrera, intensitat mitjana
Nivell baix	10 minuts de carrera, intensitat mitjana
	Tècnica de carrera: genolls amunt. 2 sèries de 10 metres
	4 progressions de 20 metres, amb sac, i acabar amb una intensitat mitjana
	10 minuts de carrera, intensitat mitjana

Nivell mitjà	10 minuts de carrera, intensitat mitjana
	Tècnica de carrera: genolls amunt. 3 sèries de 15 metres
	4 progressions de 30 metres, amb sac, i acabar amb una intensitat mitjana
	10 minuts de carrera, intensitat mitjana
Nivell alt	15 minuts de carrera, intensitat mitjana
	Tècnica de carrera: genolls amunt. 4 sèries de 20 metres
	4 progressions de 40 metres, amb sac, i acabar amb una intensitat alta
	15 minuts de carrera, intensitat mitjana
Nivell molt alt	15 minuts de carrera, intensitat mitjana
	Tècnica de carrera: genolls amunt. 4 sèries de 20 metres
	4 progressions de 50 metres, amb sac, i acabar amb una intensitat alta
	15 minuts de carrera, intensitat mitjana

Entrenament 1 de carrera, programa A

▶ Vídeos recomanats

- **Carrera genolls amunt**:
  https://youtu.be/UFaOSRA7Rsg
- **Carrera sortida esprint**:
  https://youtu.be/M3cjURMmnF4

	ENTRENAMENT 2	ENTRENAMENT 3
Nivell molt baix	15 min carrera, intensitat mitjana	15 min carrera, intensitat mitjana
Nivell baix	20 min carrera, intensitat mitjana	20 min carrera contínua, intensitat mitjana
Nivell mitjà	25 min carrera contínua, intensitat mitjana	30 min carrera contínua, intensitat mitjana
Nivell alt	35 min carrera contínua, intensitat mitjana	40 min carrera contínua, intensitat mitjana
Nivell molt alt	40 min carrera contínua, intensitat mitjana	45 min carrera contínua, intensitat mitjana

Entrenaments 2 i 3 de carrera, programa A

 Recorda que...

S'ha de fer el test de totes les proves físiques abans de començar el programa següent. Pot ser que el nivell de l'opositor hagi canviat.

3. Programa B

S'ha de dur a terme durant el temps que indica el Capítol 17, "Explicació i desenvolupament dels períodes d'entrenament", que va en funció del temps que queda fins al dia de les proves físiques oficials.

3.1. Entrenament de circuit d'agilitat

S'ha de dur a terme segons el que n'indica el Capítol 15, "Consideracions dels programes d'entrenament".

PROGRAMA NIVELL	B
Molt baix	2 vegades per passos i 1 vegada per lliure
Baix	2 vegades per passos i 2 vegades per lliure
Mitjà	2 vegades per passos i 2 vegades per lliure
Alt	2 vegades per passos i 3 vegades per lliure
Molt alt	2 vegades per passos i 3 vegades per lliure

Entrenament de circuit, programa B

3.2. Entrenament de pressió sobre banc

En aquesta mena d'entrenament, les consideracions que cal tenir en compte són:

– **Repeticions**: 12 de cadascun dels exercicis.

– **En circuit**: les voltes depenen del nivell que s'ha obtingut en les proves.

Exemple: 12 repeticions de l'exercici 1, 12 de l'exercici 2... així fins a l'últim i es torna a començar, fins a fer el nombre de voltes que correspon al nivell obtingut en les proves.

– **Sèries**: depèn del nombre de voltes que s'han fet en el circuit.

– **Intensitat**: mitjana-alta, que costi una mica arribar a l'última repetició.

– **Recuperació**: entre exercicis, el que es trigui a desplaçar-se d'un a un altre. Entre voltes és d'1 minut.

– **Velocitat**: moderada, ni ràpida ni lenta.

ENTRENAMENT 1	ENTRENAMENT 2	ENTRENAMENT 3
1. Pressió sobre banc amb barra	1. Elevació lateral amb manuelles	1.Vara al pit amb agafament estret
2. Encongiments normals	2. Encongiments normals	2. Encongiments normals
3. Pressió sobre banc amb manuelles	3. Bíceps altern amb gir de manuella	3. Rem en màquina amb agafament estret
4. Elevacions de pelvis per a abdominal amb cames a 90°	4. Elevacions de pelvis per a abdominal amb cames a 90°	4. Elevacions de pelvis per a abdominal amb cames a 90°
5. Vara al pit amb agafament estret	5. Pressió francesa per a tríceps	5. Flexions de braços (amb genolls a terra o no)
6. Encongiments abdominals mà a mateix peu	6. Encongiments abdominals mà a mateix peu	6. Encongiments abdominals mà a mateix peu

Entrenament de pressió sobre banc, programa B

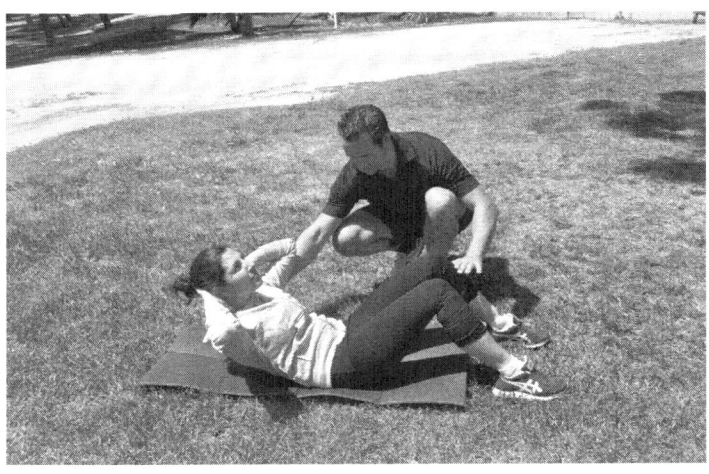

Exercici d'abdominals normals

▶ Vídeos recomendados

- **Pressió sobre banc amb manuelles**:
  http://youtu.be/X11Z4ZlYSns
- **Pressió sobre banc amb barra**:
  https://www.youtube.com/watch?v=J_FNUFIDlH0
- **Vara al pit amb agafament estret**:
  http://youtu.be/2oySz9COBIY
- **Encongiments normals**:
  http://youtu.be/8kAtiCfSPAM
- **Elevacions laterals amb manuelles**:
  http://youtu.be/Xq4YLJw61Ak
- **Rem en màquina, amb agafament estret**:
  http://youtu.be/soClc8IC_fg
- **Rull (curl) amb manuelles, gir altern**:
  http://youtu.be/Nq34NX-XbSE
- **Elevació de pelvis**:
  http://youtu.be/MtQQgPfX_LI
- **Flexions normals**:
  http://youtu.be/o1uEOySgqeI
- **Flexions amb genolls recolzats**:
  http://youtu.be/cay0sCjaY2s
- **Pressió francesa amb manuelles**:
  http://youtu.be/DMKGl9wrDO8
- **Encongiments mà al mateix peu**:
  http://youtu.be/9PWHPGqglcE

Flexions de braç normals

3.3. Entrenament de cursa de llançadora

En aquesta mena d'entrenament les consideracions que cal tenir en compte són:

- Intensitat:

  * **Baixa**, que amb prou feines no costi esforç. 60% de la FCM.

  * **Mitjana**, que permeti parlar sense esforç. 70% de la FCM.

  * **Alta**, que s'entretallin les paraules a l'hora de parlar. 80% de la FCM.

  * **Molt alta**, que sigui gairebé impossible parlar. 90% de la FCM.

  Exemple: una persona de 30 anys. FCM = 220 - edat = 190 de pulsacions màximes teòriques per minut. El 70% de 190 és 133 pulsacions/minut

  Les anomenades progressions consisteixen en una carrera de distància curta en què augmenta progressivament la velocitat per a recórrer aquest espai. És a dir, es comença corrent a un ritme baix i va augmentant fins a la intensitat sol·licitada.

  A diferència de la progressió, l'esprint es fa a gran velocitat ja des del principi.

- Recuperació entre progressions i exercicis de tècnica de carrera: el temps que costi tornar caminant al punt de partida.

- Estiraments: en acabar s'han d'estirar les cames i mantenir la posició sense fer rebots durant 30-40 segons.

ENTRENAMENT	
Nivell molt baix	10 minuts de carrera, intensitat mitjana Tècnica de carrera: talons enrere. 2 sèries de 10 metres 2 progressions de 30 metres amb sac, intensitat mitjana 10 minuts de carrera, intensitat mitjana
Nivell baix	15 minuts de carrera, intensitat mitjana Tècnica de carrera: talons enrere. 2 sèries de 10 metres 4 progressions de 30 metres amb sac, intensitat mitjana 10 minuts de carrera, intensitat mitjana

Nivell mitjà	10 minuts de carrera, intensitat mitjana
	Tècnica de carrera: talons enrere. 3 sèries de 15 metres
	4 progressions de 40 metres amb sac, intensitat mitjana
	10 minuts de carrera, intensitat mitjana
Nivell alt	15 minuts de carrera, intensitat mitjana
	Tècnica de carrera: talons enrere. 4 sèries de 20 metres
	4 progressions de 50 metres amb sac, intensitat alta
	15 minuts de carrera, intensitat mitjana
Nivell molt alt	15 minuts de carrera, intensitat mitjana
	Tècnica de carrera: genolls amunt. 4 sèries de 20 metres
	4 progressions de 50 metres amb sac, intensitat alta
	15 minuts de carrera, intensitat mitjana

Entrenament 1 de carrera, programa B

 Vídeos recomanats

- **Carrera talons enrere**:
  https://youtu.be/dTscAQ-ONW8
- **Carrera sortida esprint**:
  https://youtu.be/M3cjURMmnF4

	ENTRENAMENT 2	**ENTRENAMENT 3**
Nivell molt baix	20 min carrera, intensitat mitjana	15 min carrera contínua, intensitat mitjana
Nivell baix	20 min carrera contínua, intensitat mitjana	25 min carrera contínua, intensitat mitjana
Nivell mitjà	30 min carrera contínua, intensitat mitjana	35 min carrera contínua, intensitat mitjana
Nivell alt	40 min carrera contínua, intensitat mitjana	45 min carrera contínua, intensitat mitjana
Nivell molt alt	45 min carrera contínua, intensitat mitjana	50 min carrera contínua, intensitat mitjana

Entrenaments 2 i 3 de carrera, programa B

CAPÍTOL 19

Període preparatori específic: programa C

1. Introducció

S'ha de dur a terme durant el temps que indica el Capítol 17, "Explicació i desenvolupament dels períodes d'entrenament", que va en funció del temps que queda fins al dia de les proves físiques oficials.

2. Entrenament de circuit d'agilitat

Cal dur-lo a terme segons el que indica el Capítol 15, "Consideracions dels programes d'entrenament".

PROGRAMA NIVELL	C
Molt baix	2 vegades per parts i 2 vegades per passos
Baix	2 vegades per parts i 3 vegades per passos
Mitjà	2 vegades per parts i 3 vegades per passos
Alt	3 vegades per parts i 3 vegades per passos
Molt alt	3 vegades per parts i 3 vegades per passos

Entrenament de circuit, programa C

Pràctica del circuit

3. Entrenament de pressió sobre banca

En aquesta mena d'entrenament, les consideracions que cal tenir en compte són:

- **Repeticions**: 15 de cadascun dels exercicis.

- **En circuit**: les voltes depenen del nivell que s'ha obtingut en les proves. Exemple: 15 repeticions de l'exercici 1, 15 de l'exercici 2 i 15 de l'exercici 3. Després es passa al següent grup d'exercicis 1, 2 i 3. Cal fer el nombre de voltes que correspon al nivell que s'ha obtingut en les proves.

- **Sèries**: depèn del nombre de voltes que s'han fet del circuit.

- **Intensitat**: mitjana-alta, que costi una mica arribar a l'última repetició.

- **Recuperació**: entre exercicis, el que es trigui a desplaçar-se d'un a un altre; entre voltes, és de 45 segons.

- **Velocitat**: moderada, ni ràpida ni lenta.

ENTRENAMENT 1	ENTRENAMENT 2	ENTRENAMENT 3
1. Pressió sobre banc amb barra	1. Vara al pit, amb agafament invers	1. Pressió amb inclinació amb manuelles
2. Encongiments abdominals mà al mateix peu	2. Encongiments abdominals mà al mateix peu	2. Encong ments abdominals mà al mateix peu
3. Pressió sobre banc amb manuelles	3. Encongiments de trapezi amb manuelles	3. Pressió sobre banc amb 15 kg dones i 25 kg homes. Repeticions al màxim
1. Elevacions de pelvis per a abdominal amb cames estirades	1. Fons de tríceps en banc/s	1. Elevacions de pelvis per a abdominal amb cames estirades
2. Bíceps amb barra en politja baixa	2. Elevacions de pelvis per a abdominal amb cames estirades	2. Bíceps amb barra en politja baixa
3. Elevació de pelvis per a lumbars		3. Elevació de pelvis per a lumbars

Entrenament de pressió sobre banc, programa C

 Vídeos recomanats

- **Pressió sobre banc:**

  https://www.youtube.com/watch?v=J_FNUFIDlH0

- **Encongiments mà al mateix peu**:

  http://youtu.be/9PWHPGqglcE

- **Pressió sobre banc amb manuelles**:

  http://youtu.be/X11Z4ZIYSns

- **Pressió amb inclinació amb manuelles**:

  http://youtu.be/hniVrHuGvhA

- **Vara al pit amb agafament estret**:

  http://youtu.be/2oySz9COBIY

- **Vara al pit amb agafament invers**:

  http://youtu.be/2oySz9COBIY

- **Encongiments amb manuella**:

  http://youtu.be/u3N8CNlkezk

- **Fons sobre banc o cadira**:

  http://youtu.be/aX093Pr3TLY

- **Elevació de pelvis per a abdominals**:

  http://youtu.be/MtQQgPfX_LI

- **Rull (curl) amb barra en politja baixa**:

  http://youtu.be/PSrsVuKcxCM

- **Elevació de pelvis per a lumbar i gluti**:

  http://youtu.be/oy06osLVils

Pressió sobre banc amb gran càrrega de pes

Vara al pit amb agafament invers

4. Entrenament de cursa de llançadora

En aquesta mena d'entrenament, les consideracions que cal tenir en compte són:

– Intensitat:

* **Baixa**, que amb prou feines no costi esforç. 60% de la FCM.

* **Mitjana**, que permeti parlar sense esforç. 70% de la FCM.

* **Alta**, que s'entretallin les paraules a l'hora de parlar. 80% de la FCM.

* **Molt alta**, que sigui gairebé impossible parlar. 90% de la FCM.

Exemple: una persona de 30 anys. FCM = 220 - edat = 190 de pulsacions màximes teòriques per minut. El 70% de 190 és 133 pulsacions/minut.

Les anomenades progressions consisteixen en una carrera de distància curta en què la velocitat augmenta progressivament des del començament fins al final d'aquest espai a recórrer. És a dir, es comença corrent a un ritme baix i va augmentant fins a la intensitat sol·licitada.

A diferència de la progressió, l'esprint es fa a gran velocitat ja des del principi.

– Recuperació entre progressions i exercicis de tècnica de carrera: el temps que costi tornar caminant al punt de partida.

– Recuperació entre esprints: 1 minut 30 segons.

– Estiraments: en acabar, s'han d'estirar les cames i mantenir la posició sense fer rebots durant 30-40 segons.

ENTRENAMENT	
Nivell molt baix	10 minuts de carrera, intensitat mitjana Tècnica de carrera: genolls amunt. 2 sèries de 15 metres 3 progressions de 30 metres amb sac, intensitat mitjana 10 minuts de carrera, intensitat mitjana
Nivell baix	10 minuts de carrera, intensitat mitjana Tècnica de carrera: genolls amunt. 3 sèries de 15 metres 4 progressions de 30 metres amb sac, intensitat mitjana 10 minuts de carrera, intensitat mitjana
Nivell mitjà	10 minuts de carrera, intensitat mitjana Tècnica de carrera: genolls amunt. 3 sèries de 15 metres 3 progressions de 20 metres amb sac, intensitat mitjana 10 minuts de carrera, intensitat mitjana
Nivell alt	15 minuts de carrera, intensitat mitjana Tècnica de carrera: genolls amunt. 4 sèries de 20 metres 3 esprints de 30 metres amb sac, intensitat alta 15 minuts de carrera, intensitat mitjana
Nivell molt alt	15 minuts de carrera, intensitat mitjana Tècnica de carrera: genolls amunt. 4 sèries de 20 metres 3 esprints de 40 metres amb sac, intensitat alta 15 minuts de carrera, intensitat mitjana

Entrenament 1 de carrera, programa C

> **▶ Vídeos recomanats**
>
> - **Carrera genolls amunt**:
>   https://youtu.be/UFaOSRA7Rsg
>
>
> - **Carrera sortida esprint**
>   https://youtu.be/M3cjURMmnF4
>

Exercici de genolls amunt

	ENTRENAMENT 2	**ENTRENAMENT 3**
Nivell molt baix	20 min carrera contínua, intensitat mitjana	20 min carrera contínua, intensitat mitjana
Nivell baix	25 min carrera contínua, intensitat mitjana	30 min progressius: 10 mitjà, 10 alt, 10 mitjà
Nivell mitjà	5 min mitjà 15 min canvis ritme: 2 mitjà-1 alt 5 min mitjà per a relaxar	35 min progressius: 10 mitjà, 15 alt, 10 mitjà
Nivell alt	5 min mitjà 20 min canvis ritme: 2 mitjà-1 alt 5 min mitjà per a relaxar	40 min progressius: 10 mitjà, 10 alt, 10 molt alt, 10 mitjà
Nivell molt alt	5 min mitjà 25 min canvis ritme: 2 mitjà-1 alt 5 min mitjà per a relaxar	45 min progressius: 10 mitjà, 15 alt, 10 molt alt, 10 mitjà

Entrenaments 2 i 3 de carrera, programa C

CAPÍTOL 20

Període competitiu general: programa D

1. Introducció

S'ha de dur a terme durant el temps que indica el Capítol 17, "Explicació i desenvolupament dels períodes d'entrenament", que va en funció del temps que queda fins al dia de les proves físiques oficials.

2. Entrenament de circuit d'agilitat

Cal dur-lo a terme segons les indicacions que dona el Capítol 16 "Consideracions dels programes d'entrenament".

NIVELL \ PROGRAMA	D
Molt baix	2 vegades per parts i 3 vegades lliure
Baix	2 vegades per parts i 4 vegades lliure
Mitjà	2 vegades per parts i 4 vegades lliure
Alt	3 vegades per parts i 4 vegades lliure
Molt alt	3 vegades per parts i 4 vegades lliure

Entrenament de circuit, programa D

3. Entrenament de pressió sobre banca

En aquest entrenament, les consideracions que cal tenir en compte són:

– **Repeticions**: 20 de cadascun dels exercicis.

– **En circuit**: les voltes depenen del nivell que s'ha obtingut en les proves. Exemple: 20 repeticions de l'exercici 1, 20 de l'exercici 2 i 20 de l'exercici 3. Després es passa al següent grup d'exercicis 1 i 2. Cal fer el nombre de voltes que correspon al nivell obtingut en les proves.

- **Sèries**: depèn del nombre de voltes que s'han fet del circuit.

- **Intensitat**: alta, que costi molt arribar a l'última repetició.

- **Recuperació**: entre exercicis, el que es trigui a desplaçar-se d'un a un altre. Entre voltes és d'1 min 15 segons.

- **Velocitat:** lenta.

ENTRENAMENT 1	ENTRENAMENT 2	ENTRENAMENT 3
1. Pressió sobre banc pla amb barra	1. Vara al pit, amb agafament normal	1. Flexions amb mans en banc
2. Encongiments abdominals, gir de colze a genoll contrari	2. Encongiments abdominals, gir de colze a genoll contrari	2. Encongiments abdominals, gir de colze a genoll contrari
3. Lumbars en banc	3. Lumbars en banc	3. Lumbars en banc
1. Flexions amb mans en banc	1. Flexions amb mans al coll i colzes enganxats al cos	1. Pressió sobre banc amb manuelles
2. Fons de tríceps entre bancs	2. Bíceps amb barra recta, amb agafament normal	2. Fons de tríceps entre bancs

Entrenament de pressió sobre banc, programa D

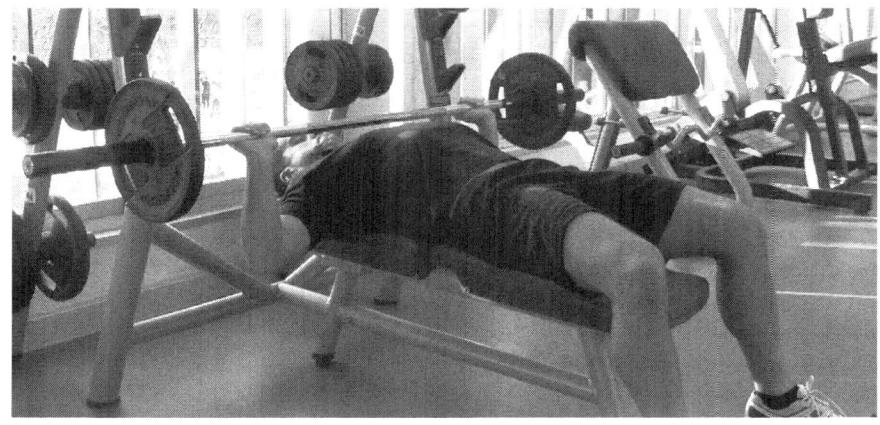

Pressió sobre banc pla amb barra

 Vídeos recomanats

- **Pressió sobre banc:**

  https://www.youtube.com/watch?v=J_FNUFIDlH0

- **Flexions les amb mans al banc**:

  http://youtu.be/_QekEjU9fQc

- **Flexions amb els genolls recolzats**:

  http://youtu.be/cay0sCjaY2s

- **Flexions amb mans recolzades a paret**:

  http://youtu.be/yEshJMmWsil

- **Abdominals gir de colze a genoll contrari**:

  http://youtu.be/yGxD-bSB3nU

- **Elevació de tronc en banc**:

  http://youtu.be/9HDCJEWka0Y

- **Pressió sobre banc amb manuelles**:

  http://youtu.be/X11Z4ZIYSns

- **Vara al pit amb agafament estret**:

  http://youtu.be/2oySz9COBIY

- **Flexions amb mans al coll i colzes enganxats al cos**:

  http://youtu.be/kD-0WZUrKa4

- **Pressió sobre banc amb barra**:

  http://youtu.be/SdiqU6xjw2s

- **Rull (curl) amb barra recta, amb agafament invers**:

  http://youtu.be/B0JjZAZ7Brw

- **Fons entre bancs o cadires**:

  http://youtu.be/emsqdl21gJM

4. Entrenament de cursa de llançadora

En aquesta mena d'entrenament, les consideracions que cal tenir en compte són:

- Intensitat:

    * **Baixa**, que amb prou feines no costi esforç. 60% de la FCM.

    * **Mitjana**, que permeti parlar sense esforç. 70% de la FCM.

    * **Alta**, que s'entretallin les paraules a l'hora de parlar. 80% de la FCM.

    * **Molt alta**, que sigui gairebé impossible parlar. 90% de la FCM.

    Exemple: una persona de 30 anys. FCM = 220 - edat = 190 de pulsacions màximes teòriques per minut. El 70% de 190 és 133 pulsacions/minut.

    Les anomenades progressions consisteixen en una carrera de distància curta en què augmenta progressivament la velocitat per a recórrer aquest espai. És a dir, es comença corrent a un ritme baix i va augmentant fins a la intensitat sol·licitada.

    A diferència de la progressió, l'esprint es fa a gran velocitat ja des del principi.

- Recuperació entre progressions i exercicis de tècnica de carrera: el temps que costi tornar caminant al punt de partida.

- Recuperació entre esprints: 2 minuts.

- Estiraments: en acabar, s'han d'estirar les cames i mantenir la posició sense fer rebots durant 30-40 segons.

ENTRENAMENT	
Nivell molt baix	10 minuts de carrera, intensitat mitjana
	Tècnica de carrera: talons enrere. 3 sèries de 15 metres
	4 esprints de 30 metres amb sac, intensitat mitjana
	10 minuts de carrera, intensitat mitjana
Nivell baix	10 minuts de carrera, intensitat mitjana
	Tècnica de carrera: talons enrere. 3 sèries de 15 metres
	4 esprints de 30 metres amb sac, intensitat mitjana
	10 minuts de carrera, intensitat mitjana
Nivell mitjà	10 minuts de carrera, intensitat mitjana
	Tècnica de carrera: talons enrere. 4 sèries de 15 metres
	5 esprints de 30 metres amb sac, intensitat mitjana
	10 minuts de carrera, intensitat mitjana

Nivell alt	15 minuts de carrera, intensitat mitjana
	Tècnica de carrera: talons enrere. 5 sèries de 20 metres
	5 esprints de 40 metres amb sac, intensitat alta
	15 minuts de carrera, intensitat mitjana
Nivell molt alt	15 minuts de carrera, intensitat mitjana
	Tècnica de carrera: talons enrere. 5 sèries de 20 metres
	5 esprints de 40 metres amb sac, intensitat alta
	15 minuts de carrera, intensitat mitjana

Entrenament 1 de carrera, programa D

▶ Vídeos recomanats

- **Carrera amb els talons enrere**:
https://youtu.be/dTscAQ-ONW8

- **Carrera amb sortida fent esprint**:
https://youtu.be/M3cjURMmnF4

Carrera contínua

	ENTRENAMENT 2	ENTRENAMENT 3
Nivell molt baix	20 min carrera contínua, intensitat alta	20 min carrera contínua, intensitat alta
Nivell baix	5 min ritme mitjà 15 min canvis ritme: 2 mitjà-1 alt 5 min mitjà	20 min progressius: 5 ritme mitjà, 5 alt, 5 molt alt, 5 mitjà
Nivell mitjà	10 min ritme mitjà 3 x 400 metres molt alt. Descans: amb 3 min entre sèries 10 min mitjà	5 min ritme mitjà 15 min canvis ritme: 1 mitjà-1 alt 5 min mitjà
Nivell alt	10 min ritme mitjà 4 x 400 metres molt alt. Descans: amb 3 min entre sèries 10 min mitjà	5 min ritme mitjà 20 min canvis ritme: 1 mitjà 1 molt alt 5 min mitjà
Nivell molt alt	10 min ritme mitjà 5 x 400 metres molt alt. Descans: amb 3 min entre sèries 10 min mitjà	5 min ritme mitjà 25 min canvis ritme: 1 mitjà- 1 molt alt 5 min mitjà

Entrenaments 2 i 3 de carrera, programa D

CAPÍTOL 21

Període competitiu específic: programa E

1. Introducció

S'ha de dur a terme durant el temps que indica el Capítol 17, "Explicació i desenvolupament dels períodes d'entrenament", que va en funció del temps que queda fins al dia de les proves físiques oficials.

2. Entrenament de circuit d'agilitat

Cal dur-lo a terme segons les indicacions que dona el Capítol 16, "Consideracions dels programes d'entrenament".

PROGRAMA NIVELL	I
Molt baix	6 vegades lliure
Baix	7 vegades lliure
Mitjà	7 vegades lliure
Alt	8 vegades lliure
Molt alt	8 vegades lliure

Entrenament de circuit, programa E

3. Entrenament de pressió sobre banc

Tenir en compte:

– **Repeticions**: 25 de cadascun dels exercicis.

– **En circuit**: les voltes depenen del nivell obtingut en les proves. Exemple: 25 repeticions de l'exercici 1, 25 de l'exercici 2 i 25 de l'exercici 3. Després es passa al següent grup d'exercicis 1, 2 i 3. Cal fer el nombre de voltes que correspon al nivell obtingut en les proves.

– **Sèries**: depèn del nombre de voltes que es faci en el circuit.

- **Intensitat**: alta, que costi molt arribar a l'última repetició.

- **Recuperació**: entre exercicis, el que es trigui a desplaçar-se d'un a un altre. Entre voltes és d'1 minut.

- **Velocitat**: ràpida.

Flexions: fase de pujada

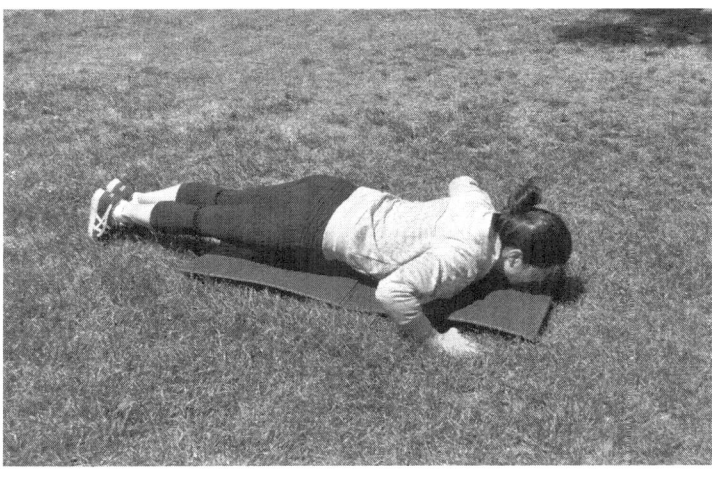

Flexions: fase de baixada

ENTRENAMENT 1	ENTRENAMENT 2	ENTRENAMENT 3
1. Pressió sobre banc amb barra. Repeticions al màxim. Dones: 20 kg. Homes 35 kg	1. Flexions normals. Sèries de 25 (recolzar genolls si cal)	1. Pressió sobre banc amb barra. Repeticions al màxim. Dones: 20 kg. Homes 35 kg
2. Abdominals flexió de maluc penjat en barra	2. Abdominals flexió de maluc penjat en barra	2. Abdominals flexió de maluc penjat en barra
3. Lumbars en banc	3. Lumbars en banc	3. Lumbars en banc
1. Pressió amb inclinació amb barra	1. Pressió amb inclinació amb barra	1. Pressió amb inclinació amb barra
2. Encongiments abdominals tombat lateral: tronc i una cama	2. Encongiments abdominals tombat lateral: tronc i una cama	2. Encongiments abdominals tombat lateral: tronc i una cama
3. Flexions amb mans juntes	3. Flexions amb mans juntes	3. Flexions amb mans juntes

Entrenament de flexions, programa E

 **Vídeos recomanats**

- **Pressió sobre banc amb barra:**
  https://www.youtube.com/watch?v=J_FNUFIDIH0
- **Pressió amb inclinació amb barra**:
  http://youtu.be/CZ8f0_FNV9c
- **Flexions amb les mans juntes**:
  http://youtu.be/tMw-FPD-lc0
- **Encongiments laterals tronc i cama**:
  http://youtu.be/8qTSflautxl

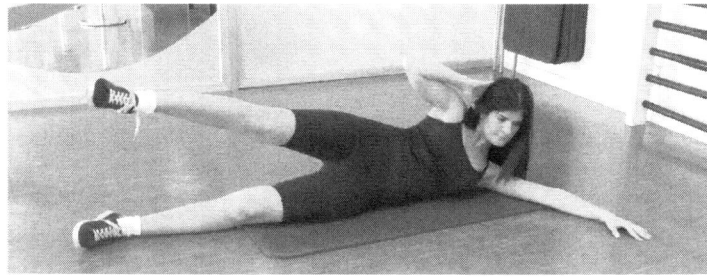

Encongiments laterals: tronc i una cama

4. Entrenament de cursa de llançadora

En aquesta mena d'entrenament, les consideracions que cal tenir en compte són:

- Intensitat:

  * **Baixa**, que amb prou feines no costi esforç. 60% de la FCM.

  * **Mitjana**, que permeti parlar sense esforç. 70% de la FCM.

  * **Alta**, que s'entretallin les paraules a l'hora de parlar. 80% de la FCM.

  * **Molt alta**, que sigui gairebé impossible parlar. 90% de la FCM.

  Exemple: una persona de 30 anys. FCM = 220 - edat = 190 de pulsacions màximes teòriques per minut. El 70% de 190 és 133 pulsacions/minut.

  Les anomenades progressions consisteixen en una carrera de distància curta en què augmenta progressivament la velocitat per a recórrer aquest espai. És a dir, es comença corrent a un ritme baix i es va augmentant fins a la intensitat sol·licitada.

  A diferència de la progressió, l'esprint es fa a gran velocitat ja des del principi.

- Recuperació entre progressions i exercicis de tècnica de carrera: el temps que costi tornar caminant al punt de partida.

- Recuperació entre esprints: 2 minuts 30 segons.

- Estiraments: en acabar, s'han d'estirar les cames i mantenir la posició sense fer rebots durant 30-40 segons.

ENTRENAMENT	
Nivell molt baix	10 minuts de carrera, intensitat mitjana
	Tècnica de carrera: pas llarg 2 sèries de 15 metres i genolls amunt 2 sèries de 15 metres
	5 esprints de 40 metres amb sac, intensitat mitjana
	10 minuts de carrera, intensitat mitjana
Nivell baix	10 minuts de carrera, intensitat mitjana
	Tècnica de carrera: pas llarg 2 sèries de 15 metres i genolls amunt 2 sèries de 15 metres
	5 esprints de 40 metres amb sac, intensitat mitjana
	10 minuts de carrera, intensitat mitjana

Nivell mitjà	10 minuts de carrera, intensitat mitjana
	Tècnica de carrera: pas llarg 3 sèries de 15 metres i genolls amunt 3 sèries de 15 metres
	6 esprints de 40 metres amb sac, intensitat alta
	10 minuts de carrera, intensitat mitjana
Nivell alt	15 minuts de carrera, intensitat mitjana
	Tècnica de carrera: pas llarg 4 sèries de 15 metres i genolls amunt 4 sèries de 15 metres
	7 esprints de 40 metres amb sac, intensitat molt alta
	15 minuts de carrera, intensitat mitjana
Nivell molt alt	15 minuts de carrera, intensitat mitjana
	Tècnica de carrera: pas llarg 4 sèries de 15 metres i genolls amunt 4 sèries de 15 metres
	7 esprints de 40 metres amb sac, intensitat molt alta
	15 minuts de carrera, intensitat mitjana

Entrenament 1 de carrera, programa E

▶ Vídeos recomanats

- **Carrera pas llarg**:
  https://youtu.be/6s3K066ktQs

- **Carrera sortida esprint**:
  https://youtu.be/M3cjURMmnF4

Marca a terra al començament de la recta de 20 metres

	ENTRENAMENT 2	**ENTRENAMENT 3**
Nivell molt baix	25 min carrera contínua, intensitat alta	20 min progressius: 5 ritme mitjà, 5 alt, 5 molt alt, 5 mitjà
Nivell baix	10 min ritme mitjà 2 x 600 metres alt. Descans: amb 2 min entre sèries 10 min mitjà	10 min ritme mitjà 15 min canvis ritme: 1 mitjà-1 alt 5 min mitjà
Nivell mitjà	10 min ritme mitjà 3 x 600 metres molt alt. Descans: amb 3 min entre sèries 10 min mitjà	40 min progressius: 10 ritme mitjà, 10 alt, 15 molt alt, 5 mitjà 4 progressions de 80 m acabant a ritme alt
Nivell alt	10 min ritme mitjà 4 x 600 metres molt alt. Descans: amb 3 min entre sèries 10 min mitjà	45 min progressius: 10 ritme mitjà, 15 alt, 15 molt alt, 5 mitjà 4 progressions de 80 m acabant a ritme alt
Nivell molt alt	10 min ritme mitjà 5 x 600 metres molt alt. Descans: amb 3 min entre sèries 10 min mitjà	50 min progressius: 10 ritme mitjà, 15 alt, 20 molt alt, 5 mitjà 4 progressions de 80 m acabant a ritme alt

Entrenaments 2 i 3 de carrera, programa E

CAPÍTOL 22

Consells per als dies previs a les proves

1. Introducció

Els dies previs a les proves d'aptitud física de l'examen oficial d'accés a Mosso/a d´Esquadra, cal tenir en compte diversos aspectes sobre l'entrenament i l'alimentació. És important reduir el volum i la intensitat dels entrenaments. Pel que fa a l'alimentació, s'ha d'augmentar en la ingesta d'hidrats de carboni amb la finalitat d'arribar al dia de les proves físiques amb els dipòsits de glucogen muscular i hepàtic ben plens. D'aquesta manera, l'opositor estarà descansat i amb energia per a fer les tres proves físiques.

2. Entrenaments

Durant els 3 dies previs a la prova, cada opositor ha de modificar tant l'entrenament com l'alimentació. L'objectiu és arribar més descansat a les proves físiques i amb tota l'energia que es pugui. Per a fer-ho, hi ha d'haver una reducció del volum i la intensitat dels entrenaments.

Principals estiraments de cames

	3r dia previ	2n dia previ	Dia previ
Pressió sobre banc	Entrenar amb normalitat	Reduir 2 voltes del circuit	No fer musculació. Dedicació especial als estiraments

Circuit d'agilitat	Entrenar amb normalitat	Solament 4 vegades	Solament 3 vegades
Cursa de llançadora	Entrenar amb normalitat	30 min de carrera contínua	15 min de carrera contínua. Dedicació especial als estiraments

Entrenaments en els dies previs a les proves físiques oficials

Principals estiraments de tronc i braç

3. Alimentació

Durant els tres dies previs és important augmentar la ingesta d'hidrats de carboni complexos (arròs, pasta, patata, pa...), amb la finalitat de reposar el glucogen muscular i hepàtic per a fer les proves amb tota l'energia acumulada possible.

Sabíes que...

Durant el període de mitjan segle XX, durant la Guerra Freda, la Unió Soviètica va dur a terme, en secret, estudis nutricionals i dietètics amb l'objectiu d'aconseguir la "supremacia en l'esport" dels seus atletes, fet que es va revelar en els successius Jocs Olímpics d'aquella època.

	3r dia previ	2n dia previ	Dia previ
Desdejuni	Alt en hidrats de carboni	Alt en hidrats de carboni	Alt en hidrats de carboni
Esmorzar	Més fruita i líquids	Més fruita i líquids	Més fruita i líquids
Dinar	Alt en hidrats de carboni	Alt en hidrats de carboni	Alt en hidrats de carboni
Berenar	Més fruita i líquids	Més fruita i líquids	Més fruita i líquids
Sopar	Alt en hidrats de carboni	Alt en hidrats de carboni	Alt en hidrats de carboni

Pautes alimentàries en els dies previs a les proves físiques oficials

Recorda que...

El múscul i el fetge tenen emmagatzemada energia en forma de glucogen, i això serà el que prevaldrà a l'hora de subministrar energia durant l'exercici físic.

Principals fonts d'hidrats de carboni complexos

Així mateix, també es recomana beure gran quantitat d'aigua i begudes isotòniques per a tenir ben hidratats els músculs i evitar enrampades o un rendiment baix per deshidratació.

 Sabíes que...

El múscul està format per un 75% d'aigua. Per aquesta raó és tan important mantenir el cos hidratat, de manera que no minvi el rendiment de la musculatura.

Benardot incideix en el fet que "*És important beure líquid abundant que contingui carbohidrats durant l'exercici. Convé consumir almenys 400 calories de carbohidrats immediatament després de l'entrenament. Aquest és el primer pas perquè els músculs reemplacin el glucogen muscular que s'havia perdut durant l'exercici*".

Un **massatge de descàrrega muscular** és una bona opció per a arribar fresc el dia de les proves, però cal dur-lo a terme amb tres dies d'anterioritat, com a mínim, per a poder tornar a reactivar els músculs.

El mateix dia de la prova no s'ha de canviar la rutina del desdejuni. Es recomana consumir el de sempre. Aquest dia no és un moment per a experimentar. Si es vol **provar algun aliment o suplement nutricional nou**, s'ha de fer abans per a veure els resultats que se n'obtenen.

Cal tenir en compte el temps que passarà des del desdejuni fins a l'execució de les 4 proves físiques. Els aspirants poden ser citats a una hora però pot ser que comencin a fer les proves més tard. Per tant, cal portar algun aliment a sobre, com pot ser una barreta energètica, així com alguna beguda amb sals minerals i aigua.

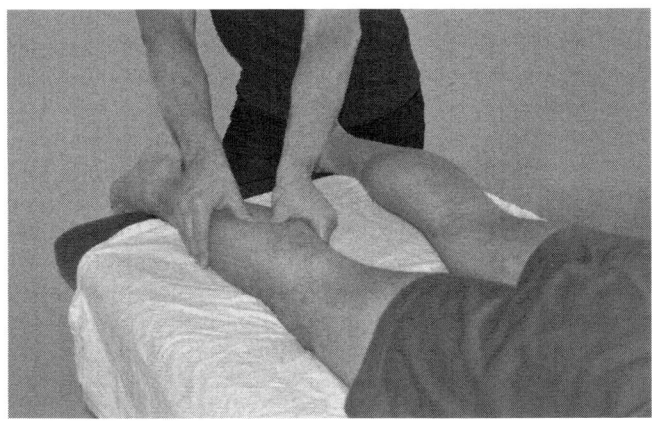

Massatge abans de les proves físiques

Trucs per al dia de l'examen oficial

1. Introducció

Com s'ha dit abans en el capítol 15, l'ordre de les proves físiques sol ser el següent:

1. Circuit d'agilitat

2. Pressió sobre banc

3. Cursa de llançadora

> 📌 **Recorda que...**
>
> A l'hora de fer les proves, és important haver fet un escalfament previ, per a evitar possibles lesions com estrebades, trencaments de fibres, esquinços, etc.

▶ Vídeos recomanats

- **Carrera amb els genolls amunt**:

  https://youtu.be/UFaOSRA7Rsg

- **Carrera amb els talons enrere**:

  https://youtu.be/dTscAQ-ONW8

- **Carrera amb sortida en esprint**:

  https://youtu.be/M3cjURMmnF4

2. Circuit d'agilitat

El més recomanable és haver-lo **entrenat per parts** i, una vegada les hem automatitzades, fer-lo de principi a fi.

En cada gir que fem és important **frenar amb la cama de l'exterior**.

La tombarella s'ha de fer amb una mica d'impuls per a poder-nos aixecar de pressa un cop l'hem feta.

Perquè el salt del plint sigui més fàcil, s'ha d'agafar velocitat prèvia. Passa el mateix amb la tanca que s'ha de saltar.

La manera de transportar el sac ha de ser dur-lo ben recolzat a la part alta de l'esquena, sense que hi hagi oscil·lacions. Així serà més fàcil córrer.

Atès que és una prova en què es permeten **2 intents**, es pot arriscar en el primer per a provar d'aconseguir una bona marca.

Amb la finalitat d'evitar relliscades, es recomana netejar la sola del calçat esportiu amb una mica de tela (per exemple, una samarreta).

3. Pressió sobre banc

La prova de força extensora de braços es fa tombat de cap per amunt sobre un banc pla. L'opositor s'ha de col·locar de manera que la part superior del pit li quedi just per sota de la vertical de la barra. D'aquesta manera, es poden fer les repeticions més còmodament.

La primera repetició es compta des de la posició d'extensió de braços, una vegada que es baixa la barra i es torna a alçar.

Perquè l'examinador doni per vàlides totes les repeticions, cal que es facin amb el recorregut complet, baixant i pujant del tot.

No és necessari bloquejar l'articulació de colze en la fase d'ascens. N'hi ha prou amb marcar l'extensió del braç i tornar a baixar flexionant-lo, fins que la barra toqui el pit.

4. Cursa de llançadora

La prova de carrera es practica en grups de 6-8 persones en una pista d'atletisme que té el terra de ciment. És important haver fet un escalfament previ per a evitar lesions. S'han d'augmentar les pulsacions en l'escalfament amb la finalitat d'aconseguir una activació just abans de l'inici de la prova.

La sortida d'aquesta prova es fa al començament de la recta, en un extrem. Cada aspirant se situa al seu carrer respectiu i no ha d'envair el de cap altre participant.

El començament de la prova s'avisa per mitjà de tres xiuletades. Quan hagi sonat la tercera, es pot començar a córrer cap al costat oposat.

Abans no es torni a sentir cap so, els aspirants han d'haver travessat la línia del final de la recta de 20 metres. Quan soni, poden tornar a recórrer la mateixa distància en sentit contrari.

En aquesta prova, és de vital importància controlar la respiració i, amb això, les pulsacions cardíaques. L'aire s'ha d'inspirar pel nas (oxigen) i expirar per la boca (diòxid de carboni). Les **respiracions** han de ser **profundes i controlades**. Això evita l'aparició de flat.

Per a una bona **estratègia del ritme de carrera**, s'aconsella fer la prova amb un rellotge cronòmetre. Així es pot controlar la velocitat amb què es desenvolupa la prova i ajustar la velocitat de carrera a la freqüència amb què se senten les xiuletades.

 Recorda que...

Cal arribar a la zona final de cada recta de 20 metres abans no se senti cada xiuletada.

Per a estar ben familiaritzat amb el ritme de cadascun dels períodes, es recomana entrenar aquesta prova amb un reproductor de so per a sentir bé les xiuletades. Per exemple, amb un reproductor mp3 o un telèfon mòbil...

Braçalet per a portar-hi el reproductor de so

Aquesta és una prova en què solen produir temps rècord respecte als tests que s'havien fet, ja que en el mateix dia dels exàmens hi ha un factor de motivació alt i una descàrrega d'adrenalina.

BIBLIOGRAFIA

– Abellán. J., Sainz. P., Ortín. E.J.: *Guía para la preinscripción de ejercicio físico*. SEH - LELH.

– Benardot, D.: *Nutrición para deportistas de alto nivel*. Editorial Hispano Europea. Barcelona, 2001.

– Calais-Germain, B.: *Anatomía para el movimiento*. Editorial La Liebre de Marzo. Barcelona, 2002.

– Diari oficial de la Generalitat de Catalunya núm. 7786, d'11 de gener de 2019.

– Grosser, M., Startischka, S., & Zimmermann, E.: *Principios del entrenamiento deportivo*. Editorial Martínez Roca, Barcelona, 1988.

– Matvéiev, L.: *El proceso del entrenamiento deportivo*. Editorial Stadium, Argentina.

– McAtee, R.E. y Charland, J.: *Estiramientos facilitados*. Editorial Paidotribo. Barcelona, 2000.

– Pancorbo, S.A.: *Medicina del Deporte*. Editorial: EDUCS. Brasil, 2002.

– Thibadeau, C.: *El libro negro de los secretos del entrenamiento*. Editorial F. Lepine.

– Wikipedia: Test de cursa de llançadora.